SIGUE TU LLAMADO

SAL DE LA CUEVA

MARK JOBE

La misión de Editorial Portavoz consiste en desarrollar y distribuir productos de calidad —con integridad y excelencia—, desde una perspectiva bíblica y confiable, que animen a las personas a conocer y servir a Jesucristo.

Traducción: Rodrigo Hinojosa

Las cursivas en los versículos bíblicos son énfasis del autor.

EDITORIAL PORTAVOZ
2450 Oak Industrial Drive NE
Grand Rapids, Michigan 49505 USA
Visítenos en: www.portavoz.com

ISBN 978-0-8254-5116-4 (rústica)
ISBN 978-0-8254-5119-5 (Kindle)
ISBN 978-0-8254-5121-8 (epub)

1 2 3 4 5 edición / año 34 33 32 31 30 29 28 27 26 25

Impreso en los Estados Unidos de América
Printed in the United States of America

Elogios

En la providencia de Dios, recibí este libro mientras comenzaba un tiempo sabático para acercarme al Señor en busca de nueva dirección y sabiduría para esta etapa de mi vida y ministerio. Con el pasar de los años, a menudo me he encontrado atrapada en una cueva emocional o espiritual, por lo que me sentí alentada y desafiada cuando leí *Sal de la cueva*. Estoy agradecida con Dios por las muchas y oportunas lecciones que este libro nos da a través de la vida de su siervo Elías.

—**Nancy DeMoss Wolgemuth**
Autora, maestra en el programa de radio *Aviva nuestros corazones*

Esta es la historia de un pastor a quien Dios ha usado para ayudar a personas "atascadas" a levantarse y a continuar con su trayecto. Al leer estas páginas, descubrirás un poco el ministerio en Chicago: crudo, impredecible y, a menudo, intimidante.

Mark es un líder, un innovador y una persona atrevida. Su amor por las personas brilla en estas páginas y tiene las cualidades necesarias para presentar la gracia de Dios a aquellos que buscan esperanza y sanidad. Este libro te inspirará, instruirá y alentará a dar pasos gigantescos en tu propia vida.

—**Erwin W. Lutzer**
Pastor emérito de The Moody Church

Sal de la cueva es el libro perfecto para ayudarnos a encontrar libertad de las cosas que nos estorban y a avanzar hacia los buenos planes de Dios para nosotros. En este libro, Mark Jobe utiliza de forma brillante las lecciones de la vida de Elías, el profeta del Antiguo Testamento, para ayudarnos a descubrir los grandes propósitos de Dios para nuestra vida. Todos nos atascamos en ocasiones y, cuando lo hacemos, nos es necesario *salir de la cueva*.

—**Dave Ferguson**
Pastor principal de la Community Christian Church,
emprendedor spiritual de la NewThing Network

Dios ha bendecido a Mark Jobe con una visión tan grande como la ciudad de Chicago, donde dirige una comunidad creciente de iglesias dinámicas. Con lecciones de la vida del profeta Elías e ilustraciones cautivadoras de las verdades bíblicas, Jobe nos muestra cómo salir de la cueva y seguir activos en lo que Dios está haciendo en el mundo.

—**Dr. Philip G. Ryken**
Presidente de Wheaton College

Bíblico, relevante, refrescante y escrito por una persona que me consta que tiene madurez espiritual. Todos podemos aprender de personas como él.

—**Dr. George Verwer**
Fundador de Operación Movilización

Estar atrapado en una tormenta de nieve, en una fila gigantesca cuando vas tarde para tu vuelo o sencillamente en un problema sin solución es molesto. Pero quedarse estancado en lo espiritual es más que molesto... ¡es peligroso! Cuando tu caminar con Jesús se estanca y deja de ser inspirador, no lo dudes: Satanás estará allí para ofrecerte algo más emocionante. Gracias a Mark Jobe, no necesitas seguir estancado. En este libro, Mark nos ofrece muchos consejos excelentes para salir de nuestra cueva espiritual. Lee este libro y goza de una nueva libertad en Cristo.

—**Dr. Joseph M. Stowell**
Presidente de Cornerstone University

Gracias a Dios por este libro. A dondequiera que voy, me encuentro cristianos (muchos de ellos, líderes) al borde del agotamiento, de darse por vencidos y de renunciar a sus sueños. Mi amigo Mark Jobe no solo ha escrito este libro: también lo ha llorado, vivido y orado durante muchos años de pastoreo en una de las iglesias más emocionantes y transformadoras en Estados Unidos. Sin duda, su mensaje dará esperanza a los que se sienten atascados y ayudará a otros a articular ese cansancio y aburrimiento que no han sabido expresar. Recomiendo *Sal de la cueva,* en especial, a pastores que buscan guiar a otros a través de las muchas etapas de la vida.

—Pete Greig
Fundador de 24-7 Prayer, Director de oración para
Alpha International, autor de *God on Mute*

Sal de la cueva ataca de lleno ese lugar incómodo en el que muchos hemos terminado. Lo más importante es que nos muestra el camino de salida: el camino de Dios. Durante un ministerio de casi treinta años, Dios ha usado a Mark Jobe para ayudar a miles de personas a salir de las situaciones que las dejaban atascadas y a entrar en una vida de libertad, significado y gozo. Mark Jobe integra historias actuales y la experiencia bíblica del Elías para mostrar cómo Dios saca a las personas reales del estancamiento y los devuelve a un caminar dinámico y nuevo con el Señor. Este libro te encantará y te preparará para vivir un nuevo capítulo de tu propia vida.

—**Dr. Mike Pocock**
Profesor principal y presidente emérito en
Dallas Theological Seminary

Muchas personas sienten que Dios está enojado o molesto con ellos por los retos personales que han tenido que superar injustamente o sin previo aviso. En este vistazo poderoso y profundo de la vida de Elías, Mark Jobe nos comparte una nueva perspectiva de la forma en la que Dios diseña estas situaciones para nuestro crecimiento.

Este libro es de lectura obligatoria para todo líder cristiano porque, si no te ha sucedido todavía, es inevitable que pases por la experiencia de quedarte atrapado en la cueva. *Sal de la cueva* es la respuesta que necesitas para superarla.

—James T. Meeks
Pastor principal de Salem Baptist Church en Chicago,
senador retirado del estado de Illinois

Sal de la cueva es una ilustración real de cómo funciona una iglesia en una ciudad grande como Chicago. Los pastores y los líderes tienen el reto de enfrentar necesidades abrumadoras con recursos limitados. La tragedia de la vida urbana nos impone una carga pesada: la violencia, la pobreza, la drogadicción, la indigencia y la falta de educación. Sin embargo, Jobe revela con claridad que el estorbo más grande para cualquier ministerio no son estos asuntos, sino más bien nuestro pensamiento limitado. Cuando nos sometamos a la mentalidad del reino de Dios, veremos cómo la iglesia (tanto local como global) sale de su cueva.

—Rev. Wilfredo "Choco" DeJesús
Pastor principal de New Life Covenant

Para mi esposa, Dee.
Ella apoyó este libro desde antes de que lo escribiera.

CONTENIDO

INTRODUCCIÓN

A nadie le gusta atascarse. En lo personal, detesto el sentimiento de estar atrapado en el tráfico, en una larga fila en el aeropuerto, en un espacio de estacionamiento bloqueado o en una de las clásicas tormentas de nieve de Chicago. Tal vez, si eres como yo, hasta comienzas a pensar que el semáforo no está funcionando porque tarda demasiado en ponerse en verde. Incluso tenemos palabras clínicas que describen la ansiedad y el estrés que produce el sentirse atascado. La "cleitrofobia" (una palabra excelente para un concurso de ortografía) es la fobia de quedar atrapado, encerrado, en un lugar sin salida; es el miedo a atascarse. A pesar de nuestra fuerte aversión a sentirnos atrapados, incontables personas (de las que, quizás, formes parte tú) viven infelices en las condiciones más detestables... atascados en la vida.

Nicholas White, un gerente de producción de treinta y cuatro años, regresaba de su hora de descanso un viernes por la tarde cuando el elevador de su oficina en Nueva York se detuvo entre dos pisos. No llevaba consigo ni su reloj, ni un teléfono celular, ni agua, ni comida... tan solo un paquete de pastillas para el estómago.

Dio vueltas por el elevador, gritó, golpeó las paredes y hasta intentó salir por el techo. Finalmente, logró abrir por la fuerza las puertas, solo para encontrarse con una pared de ladrillo.

Casi dos días más tarde, llegó al punto de quiebre. Aunque no era un hombre religioso, White oró por ayuda. El domingo, a las cuatro de la tarde, casi delirando de sed y, para ese momento, resignado ya a su destino, escuchó una voz en el intercomunicador que preguntaba si había alguien allí. Finalmente, llegaron los paramédicos y lo rescataron. Llevaba atrapado cuarenta y una horas.

White no sufrió efectos secundarios físicos prolongados después de su experiencia en el elevador, pero, por su propio testimonio, sabemos que le produjo una fuerte angustia emocional. Nunca se supo por qué se detuvo el elevador. Durante las semanas siguientes a esta terrible experiencia, perdió su empleo en el que llevaba quince años, perdió todo contacto con sus antiguos colegas, perdió su apartamento y se gastó todos sus ahorros. Más adelante, reconoció: "Lo que me transformó no fue tanto la experiencia en el elevador, sino más bien mi respuesta a esta".[1]

¡Qué extraordinaria lección! Lo que nos transforma no es tanto el atascarnos, sino más bien la forma en que respondemos a esto.

Este libro es para todos los que en verdad (y quiero decir *en verdad*) quieren desatascarse. Las lecciones, las historias y los principios que se expresan en estos capítulos tienen el objetivo de ayudarte a descubrir aquello que te impide avanzar y de inspirarte a abrirte camino hacia esta nueva etapa de tu vida.

A menudo, es difícil identificar las cosas que *nos* atrapan y que nos mantienen atrapados.

Al igual que el monóxido de carbono, son difíciles de detectar, pero letales si no lidiamos con ellas. Nicholas White no sabía

---

1 Nicholas White en Rich McHugh y Jonann Brady, "Man Trapped in Elevator for 41 Hours", ABCNews.com, 21 de abril de 2008, http://abcnews.go.com/GMA/story?id=4693690.

por qué su elevador se había dejado de mover, tampoco Troy Fredrickson supo en el momento por qué estaba tirado en el piso de su casa, sin apenas fuerzas para arrastrarse hasta la puerta. Hace unos años, Fredrickson, jefe de una pequeña estación de bomberos, y su esposa se despertaron porque su hijita se estaba quejando de un malestar general y de vómitos. Fredrickson tenía un ligero dolor de cabeza también, pero ayudó a su hija a bañarse y a cambiar las sábanas de su cama. Unos minutos más tarde, su ligero dolor de cabeza se convirtió en una pesadilla, peor que la migraña más fuerte de su vida. Fredrickson iba subiendo las escaleras para buscar algún medicamento cuando su entrenamiento como bombero se hizo notar. Inmediatamente, se dio cuenta del problema. Él y su hija estaban sufriendo de intoxicación por monóxido de carbono como resultado de un horno descompuesto. De inmediato, corrió hacia la puerta de la casa, pero se desmayó antes de llegar. Cuando recobró el conocimiento, a duras penas pudo arrastrarse hasta la puerta y abrirla. Después de salir, tuvo que esforzarse por mantenerse consciente hasta que llegó alguien para ayudar. Más adelante, Fredrickson reflexionó: "Si no fuera por mi entrenamiento, seguramente habríamos pensado que se trataba de una gripe y nos habríamos vuelto a dormir. Nos habríamos muerto dormidos".[2]

Estas palabras, "nos habríamos muerto dormidos", podrían aplicarse a cualquiera que lleva demasiado tiempo atascado en la vida. Si permaneces demasiado tiempo atrapado en el aire tóxico del estancamiento, te morirás dormido. Puede que lleves atrapado tanto tiempo que sientas que has perdido

2 Troy Fredrickson en Amy Macavinta, "Fireman's close call underscores danger of carbon monoxide, need for detectors", HJNews.com, 8 de enero de 2012, http://news.hjnews.com/news/article_0f2b6676-39bd-11e1-9f8a-001871e3ce6c.html?mode=jqm.

la energía mientras te esfuerzas por arrastrarte hasta la salida. Tal vez sientas que necesitas urgentemente una bocanada de aire fresco espiritual. Lo más probable es que ya hayas pasado por este desafío de estar atascado, de manera que conoces el sentimiento y has vivido ya la frustración.

Desatascarse no significa cambiarte de domicilio, cambiar tu estado civil, encontrar un nuevo trabajo, cambiarte de iglesia, conseguir otro socio en el trabajo, alterar el color de tu cabello, cambiarte de carrera en la universidad ni hacerte un nuevo tatuaje. Lo que sí significa es comenzar a tomar nuevas decisiones en medio de tus circunstancias actuales. Para la mayoría de nosotros, significa tener un nuevo encuentro con Dios que exponga nuestros problemas y que nos despierte a la nueva etapa a la que Él nos está llamando. Estos capítulos te ayudarán a comenzar el proceso de encontrar libertad para siempre.

Este libro está basado en la historia de un hombre, de una cueva y de su Dios.

Durante casi tres mil años, se ha relatado la historia de Elías y de la cueva. El reconocido profeta es una importante figura en el judaísmo, en el islam y en el cristianismo. Miles de personas visitan todos los años la cueva de Elías en Haifa, Israel (que no debemos confundir con la cueva de la que trata este libro). En las familias judías de todo el mundo, todas las semanas se pronuncia el nombre de Elías en un ritual que marca el final del día de reposo (el sabát). Se considera a Elías uno de los profetas más importantes que caminó sobre la tierra. Su aventura hasta esta cueva infame y su extraordinaria experiencia en ella forman uno de los relatos más emocionantes de la historia universal.

La experiencia de Elías en la cueva se convirtió en el momento decisivo que redefinió su futuro. En ella, cualquiera que luche con la frustración de estar atascado en la vida encontrará inspiración y lecciones prácticas. Esta es una historia sencilla, pero profunda, de un hombre que superó su cueva.

Durante los últimos veinticinco años, he tenido la increíble oportunidad de trabajar con literalmente miles de personas de todos tipos en la gran ciudad de Chicago. Me sorprende el número de personas que en verdad están atascadas, que dejan la vida pasar de largo y que se sienten frustradas ante el futuro. No están atrapadas en un sentido físico, como Nicholas White en su elevador de pesadilla ni como Troy Fredrickson en su hogar lleno de gases venenosos. Están atrapados en un sentido mucho más grave; no entre pisos, sino más bien entre este momento y el siguiente. Muchos han vivido durante tanto tiempo en este entorno sofocante y rancio que ni siquiera pueden recordar cómo se siente respirar el aire del exterior. Al leer este libro, espero que comiences a llenar tus pulmones del aire fresco de esta nueva etapa y que des los primeros pasos para salir de tu propia cueva.

CAPÍTULO 1

¡AYUDA! ESTOY ATASCADO

Yo tenía solo veintiún años, pero ya me sentía atascado. Allí estaba yo, acostado en el sillón con estampado floral de mi abuelita, mientras me inundaban olas de desánimo. Todos los huesos de mi cuerpo parecían dolerme. Yo me había esforzado tanto como me era posible, pero estaba cansado de no poder avanzar a pesar de todo. No estaba seguro de tener la energía para continuar... ni el deseo de hacerlo. Así me encontraba después de solo cinco meses de ministerio, exhausto en lo físico, desanimado en lo emocional y seco en lo espiritual. Tenía que aceptarlo: estaba atascado.

Mi mente regresó rápidamente a los eventos anteriores.

Durante mi segunda semana en Chicago, me desperté en la noche con el sonido de fuertes estallidos afuera de mi ventana. Cuando me asomé, vi a una docena o más de jóvenes corriendo por en medio de la calle, gritando y con pistolas en la mano. Sonó otro disparo. Recuerdo haberme tirado al piso y pensar: ¿En qué me metí? Me costó trabajo dormirme de nuevo con toda la adrenalina corriendo por mi cuerpo. Una semana después, mi prometida (ahora mi esposa) Dee me estaba esperando en el auto. Mientras caminaba hacia ella, pude darme cuenta de que algo andaba mal. Unos pocos minutos antes, una jovencita embarazada de dieciséis años había recibido una puñalada en el estómago en un incidente relacionado con pandillas... justo en frente de Dee. Cuando abrí la puerta del auto, sus ojos estaban llenos de lágrimas y temblaba sin control. El charco de sangre en la acera era un horripilante recordatorio de la violencia sin sentido que inundaba el vecindario que rodeaba nuestra iglesia.

Nuestra congregación era pequeña, joven y caótica, por decir lo menos. Nuestros servicios dominicales también eran impredecibles. Como aquel domingo en que teníamos de visita a un orador ciego, y Charlie, nuestro vecino con sobrepeso extremo, se presentó en el servicio un poco ebrio. Ese día, los ujieres de seguro estaban distraídos porque Charlie avanzó por el pasillo hasta quedar cara a cara con el orador que, por causa de su ceguera, ni se enteró de lo que estaba sucediendo. Acto seguido, Charlie intentó confiscarle el micrófono, pero un par de nuestros ujieres exconvictos se dieron cuenta y rápidamente sujetaron a Charlie y lo condujeron fuera del edificio, aunque Charlie gritó obscenidades durante todo el camino hasta que salió de la puerta.

ENTRE PISTOLAS Y PANDILLEROS

Un domingo por la mañana, después del servicio, noté que un grupo de personas se había amontonado en nuestras puertas de salida. Uno de ellos se dirigió corriendo hacia mí y me dijo: "Oiga, pastor, tenemos una situación". En nuestra iglesia, "una situación" significaba siempre una crisis. Un hombre estaba parado en la calle, en frente de la iglesia, agitando una pistola. Para el momento en que llegué al exterior, el hombre estaba apuntando la pistola hacia la cabeza de un sujeto totalmente aterrado, a quien comenzó a empujar contra un auto estacionado. Sin pensarlo, me lancé a intervenir. Terminé parado delante del hombre armado, mientras mi pequeña congregación se agazapaba en la entrada del edificio de la iglesia, incrédula ante la impulsividad de su joven pastor. En ese momento, me cruzó por la cabeza que podría haber llamado a la policía y dejarles resolver el asunto. Era demasiado tarde para eso.

Me sentí un poco como Pedro después que saltó de la barca para caminar sobre el agua, solo para darse cuenta de que no llevaba puesto el salvavidas. Improvisé el tono de voz más pastoral que mis cuerdas vocales de veintiún años podían alcanzar y le dije: "Oye, tú. Soy el pastor de esta iglesia. Estás asustando a mi congregación. Baja la pistola y deja que ese hombre se vaya".

El sujeto me miró un poco sorprendido. Yo no sabía si me apuntaría con la pistola o si seguiría mis instrucciones. Ni siquiera estaba seguro de que me creía, pero después de levantar la vista y de ver las cabezas que se asomaban por la entrada de la iglesia, lentamente bajó su revólver. Intentó convencerme de que estaba de mi lado, de que éramos "socios comunitarios" y de que, al deshacerse de inútiles como el hombre al que estaba amenazando, realizaba una especie de servicio comunitario. Le aseguré que había mejores maneras para limpiar el vecindario y lo convencí de guardar su revólver para que las personas pudieran regresar a su auto.

Sería poco decir que estábamos atrayendo a personas "sin cristianizar".

Un joven que comenzó a asistir a nuestros servicios era un pandillero del vecindario que, después de haber recibido un balazo en la cabeza, había quedado parcialmente paralizado. Caminaba con dificultad y arrastraba las palabras, pero su ac-

SERÍA POCO DECIR que estábamos atrayendo a personas "sin cristianizar".

titud de pandillero seguía viva e intacta. Comenzamos a recibir quejas de las jóvenes de la iglesia porque, cuando se sentaba junto a ellas, les susurraba comentarios obscenos durante el servicio. Yo me acerqué a él una mañana y le informé que era bienvenido a adorar con nosotros, pero que la siguiente ocasión en que comenzara a hablarle con palabras soeces a una de nuestras hermanas, terminaría afuera de la iglesia. Alerté a nuestros ujieres exconvictos y les pedí que lo mantuvieran bajo observación.

Como era de esperar, un par de semanas más tarde, en medio de nuestro tiempo de adoración, lo vi acercarse a una jovencita, estudiante del colegio bíblico. El rostro de ella se enrojeció y se quedó boquiabierta. Desde el frente, les hice señas a dos de los ujieres para que lidiaran con él. Uno de ellos, un exnarcotraficante llamado José, se dirigió por el pasillo, se acercó al joven y le dijo algo. La conversación se tornó tensa. Nuestro amigo pandillero enredó las piernas en las patas de la silla y se aferró al asiento con una mirada desafiante. En el siguiente momento, los dos enormes ujieres levantaron al grosero pandillero con todo y silla y lo cargaron por el pasillo hasta la puerta. Lo colocaron en la escalera de la iglesia, afuera de la entrada principal. Después de esto, nuestro valiente equipo de ujieres se ganó una nueva medida de respeto.

Ante estas crisis interminables, poco sueño, malos hábitos alimenticios y una agenda completa, comencé a desgastarme. Las necesidades de la comunidad empezaron a abrumarme.

Nuestros recursos eran escasos. Las exigencias crecían y mi visión, que alguna vez brilló con fuerza, comenzó a atenuarse. Yo creía que Dios me había llevado hasta allí, pero ahora me sentía desgastado. Había comenzado a creer que Dios me había abandonado a mi suerte.

AGOTADO DESPUÉS DE SOLO CUATRO MESES

Solo unos meses antes, había subido lentamente por las escaleras de concreto del edificio de aquella antigua iglesia ortodoxa rusa. Era mi primer día de trabajo y no había nadie más en el lugar. Caminé por el pasillo central hasta la oficinita improvisada que se hallaba detrás del escenario y me senté en una vieja silla de madera. Mis pensamientos se vieron interrumpidos por el golpeteo de las patitas de ardillas en el viejo techo de lámina. Aparentemente, les había gustado mi predicación y decidieron adoptarnos como su iglesia.

Esta pequeña iglesia en el suroeste de Chicago tenía unos dieciocho miembros y solo podía ofrecerme un salario mínimo de medio tiempo. Llevaban buscando pastor durante dos años, pero les estaba costando trabajo encontrar a alguien dispuesto a aceptar el salario y a vivir en el vecindario. De hecho, al menos un candidato recién salido del seminario había llegado en su auto al edificio y bajado su ventanilla, pero se había negado a salir del auto. En cambio, cerró los seguros de las puertas y se apresuró a marcharse. El domingo por la mañana, el pianista dirigía los cantos, pero el domingo por la noche y el grupo de los miércoles tenían que cantar himnos sin música. El pequeño comité de liderazgo estaba tan desesperado que me pidieron a mí, un joven de veintiún años, soltero, recién graduado del seminario y sin experiencia pastoral, que fuera su pastor. Yo, en mi ingenuidad, acepté. Una iglesia desesperada y un pastor ingenuo... ¡vaya combinación!

Un hombre de negocios que pertenecía a la congregación sintió lástima por mí y me permitió vivir sin pagarle renta en un edificio de su propiedad que utilizaba como oficina y bodega. Vivía en una habitación y compartía baño con los trabajadores de la oficina. Dormía sobre un colchón en el suelo y contaba con una mesita destartalada y dos sillas recubiertas con vinilo amarillo. Mis libros estaban apilados en el suelo y había colocado varias trampas para ratones en lugares estratégicos alrededor de mi colchón para mantener a raya a los animalejos que patrullaban por la noche.

Lo más difícil no fue el bajo sueldo ni las condiciones de vida espartanas, sino más bien la gente necesitada que veía dondequiera que volteaba. Yo era soltero, joven y lleno de un idealismo ilimitado y de un deseo por ayudar a los demás. De inmediato, me vi sumergido en un torbellino de actividades. Decidí que intentaría visitar de forma personal todos los hogares que me fuera posible en la comunidad. Era pleno invierno, por lo que no había muchas personas paseando en las calles de la gélida ciudad de Chicago. Recluté a todos los compañeros que pude y comenzamos a visitar hogares. Además de las visitas cuatro noches por semana, enseñaba tres veces por semana, ofrecía mentorías a nuevos miembros, daba clases de guitarra, organizaba reuniones de liderazgo, aconsejaba a personas en crisis, intentaba recaudar fondos, organizaba equipos de servicio y preparaba mi boda que estaba ya próxima. Hasta me di a la tarea de limpiar el campanario de décadas de excremento de paloma y llené veinte bolsas de basura. No recuerdo haber tomado una clase en el seminario que se llamara: "Introducción a la limpieza de campanarios".

Algunos asistentes dejaron de congregarse después de que llegué porque se oponían a los cambios que estaba haciendo. Aparentemente, la vieja guardia no consideraba aceptable aplaudir ni tocar la guitarra durante el servicio. De manera que logré reducir un grupo de veinte a unas quince personas en tan solo unas pocas semanas. No teníamos grupo de alabanza ni escuela dominical funcional y las ofrendas eran patéticas. Nuestro edificio, construido en 1910, se estaba cayendo a pedazos. Los pandilleros rondaban los escalones de la iglesia como si la cuadra les perteneciera. Se suponía que debía casarme en un par de meses, pero apenas podía sobrevivir yo solo con mi pobrísimo salario; mucho menos lograría sostener a mi esposa. No tenía auto propio, ni ahorros ni seguro. Me la pasaba corriendo desde temprano en la mañana hasta tarde en la noche, y los resultados eran prácticamente nulos. Pensé: *Quizás no sirvo para ser pastor*.

Como no tenía seguro de gastos médicos, el médico de mi abuela accedió a revisarme gratuitamente en Indiana, un estado aledaño. Yo no sabía qué andaba mal, pero sí sabía que me sentía sin energías y enfermo. Después de examinarme, el médico me advirtió con severidad que necesitaba descansar en cama y que mi salud estaba en riesgo si no me cuidaba. Esa semana, en el sillón de mi abuela, me pasé un día entero gimiendo y quejándome. Estaba medio delirante, entre brotes de fiebre y períodos intermitentes de sueño y de lucidez.

Yo oraba débilmente: "Dios, ¿por qué dejaste que sucediera esto? ¿Cómo terminé aquí?". Recuerdo lo que me dijo mi último pastor cuando hablé con él sobre la posibilidad de trabajar en una iglesia cerca del centro de la ciudad de Chicago. Me miró con pesimismo y me dijo: "La ciudad engulle pastores y los escupe a diestra y a siniestra. Será mejor que estés seguro de que Dios te ha llamado allí". En ese momento, acostado en el sillón, sus palabras me vinieron a la memoria. Comencé a llenarme de incertidumbre. Definitivamente, me sentía engullido y escupido. Tal vez, *sí* había cometido un error. Tal vez, no era allí mi lugar.

Finalmente, tomé fuerzas para envolverme en una cobija y bajar al sótano. Comencé a recorrer el lugar de ida y de vuelta y seguí quejándome con Dios porque yo había hecho todo lo que Él me había pedido y, como recompensa, me había conducido a esta situación sin salida. Me sentía atrapado y abandonado. Mientras más me quejaba, peor me sentía. Una oscura nube de desolación se ciñó sobre mis oraciones quejumbrosas. En mi frustración, le dije a Dios que no quería continuar así. Él no me respondió.

LA SALIDA DEL SÓTANO

Al día siguiente me sentía demasiado cansado como para quejarme y demasiado desgastado para seguir gimiendo. Me quedé allí, envuelto en mi cobija, en silencio delante de Dios. Finalmente, en el silencio de aquel oscuro sótano, el susurro de la brisa apacible de la voz de Dios comenzó a atravesar los ruidos confusos de mi disonancia espiritual. Lentamente, comencé a darme cuenta de que estaba demasiado ocupado con mi propia misión para darme el tiempo de escuchar a Dios. La voz de las necesidades de las personas y de mi propia avidez me habían hecho desviarme de mi llamado más importante: mi propio caminar con Dios.

Durante los siguientes días, escudriñé mi alma a profundidad. Comencé a ver algunas de las presiones dañinas que me motivaban. Un pastor mayor y de buena reputación que yo conocía le hizo saber a otros que dudaba de que yo pudiera dirigir una iglesia en la ciudad. Comencé a pensar que tenía que esforzarme por demostrar que no fracasaría. Mi identidad dependía de mi éxito o de mi fracaso. Para complicar aún más el asunto, yo tenía asuntos sin resolver. Me había sentido herido por un grupo que esperaba que me apoyara, pero que, en cambio, me había criticado. En mi mente, me alejé de ellos cuando más los necesitaba. Además de esto, me vi cara a cara con la espantosa arrogancia de mi propia alma. Había caído en la trampa de pensar que era mi responsabilidad arreglar a las personas, salvarlas y suplir sus necesidades.

Así que oré: "Perdóname por intentar hacer en mis fuerzas lo que solo tú puedes hacer en el poder de tu Espíritu". Llegué a entender que Dios no necesitaba un pseudomesías en miniatura que intentara frenéticamente hacer lo que solo podía hacer el Mesías verdadero. Confesé mi autosuficiencia y mi falta de dependencia en Dios. Me sentí quebrantado por la arrogancia que me había llevado a este lugar tan oscuro, pero también humilde ante la sublime gracia de un Dios que me estaba llamando a salir de allí. Este fue un punto de inflexión para mí, un momento decisivo. Cuando finalmente subí por las escaleras de aquel sótano, sabía que había escuchado el susurro del Espíritu de Dios.

Decidí que no podía continuar con el ministerio de la misma manera. Mientras conducía de vuelta a Chicago, sabía que era necesario hacer cambios. Regresaba a las mismas presiones, a los mismos problemas interpersonales y a las mismas crisis financieras, pero me sentía diferente. Había obtenido una nueva consciencia de mi propia debilidad y un nuevo entendimiento de mi dependencia de Dios.

Durante los meses siguientes, la pequeña iglesia comenzó a experimentar victorias inesperadas. De pronto, personas que se habían resistido empezaron a responder. Me parecía que alguien había quitado una tapa invisible a esta congregación en aprietos. Nuestros servicios de adoración resplandecían con un nuevo sentido de la presencia de Dios. Lo que no había logrado por medio de mis propios esfuerzos estaba sucediendo a medida que daba un paso atrás y le daba espacio al actuar de Dios. Personas de muchos trasfondos diferentes y de diversos vecindarios en Chicago comenzaron a llegar a este antiguo edificio de ladrillo en la esquina de las calles 44 y Paulina. Era el comienzo de una nueva etapa.

MOLDEADO POR LAS LUCHAS

Esta experiencia breve, pero decisiva, en el sótano me moldeó de maneras muy profundas. Mi derrumbe personal me resaltó la importancia de no adelantarme a Dios ni de quedarme atrás de su paso, sino de mantenerme al ritmo de lo que Él estaba haciendo. A menudo, recordaba la experiencia de estar demasiado ocupado para Dios y la frustración de buscar cumplir mi misión en mis propias fuerzas. Las primeras lecciones que aprendí en la lucha por salir de mi cueva habían determinado mi perspectiva de la vida.

Todos tenemos nuestros propios puntos de atasco que nos impiden seguir avanzando. Yo no conozco tu historia, pero sí sé que puedes avanzar a una nueva etapa. Espero que estés comenzando a escuchar el susurro espiritual que te llama hacia la salida. Este soplo divino se encarga de despertar en ti un descontento santo que te hace anhelar una vida diferente. Oro para que tu corazón se despierte ahora mismo a las posibilidades de dar pasos valientes hacia esta nueva etapa.

CAPÍTULO 2

TODOS NOS ATASCAMOS EN ALGÚN PUNTO

Cuando conversamos, Julio estaba luchando contra una fuerte adicción.

Nos sentamos juntos en aquel restaurante barato y mugriento. Sus ojos estaban enrojecidos y su rostro, sin rasurar. Tenía el aspecto de haber dormido la noche anterior en el garaje. "Estoy atrapado —me dijo, con el tono de uno que ha perdido toda la esperanza—. Sé bien qué clase de padre, de esposo y de hombre quiero ser, pero sigo cayendo una y otra vez en la misma trampa de la adicción. No estoy seguro de poder cambiar. Mi esposa está harta de mí, mis hijos me evitan y mis parientes ya no quieren lidiar más con esto. Estoy cansado de prometer cosas que no puedo cumplir, de comenzar cosas que no puedo terminar y de sentirme atrapado en un ciclo constante de fracasos repetidos. Ya no sé qué hacer".

Angélica me confesó que su vida también había llegado a un punto de atasco.

Mientras hablaba, movía las manos incesantemente y sus ojos evadían los míos. "Me siento muy incómoda de hablar de esto —me dijo con una voz trémula—. Discúlpeme, me siento un poco nerviosa. Lo diré así como es. Desde que tenía nueve años hasta los doce, fui víctima de acoso sexual y de una violación cuando tenía veinte años". Mientras continuaba, comenzó a agitarse: "Odio al hombre que me hizo esto cuando yo era apenas una niña". Continuó describiéndome el desprecio que sentía hacia la imagen de su propio rostro en el espejo. Su vergüenza e inseguridad la habían llevado a una serie de relaciones cortas y poco satisfactorias con varios hombres. "Ya no quiero seguir viviendo así. He estado repitiendo los mismos errores una y otra vez. Estoy lista para cambiar, pero no estoy segura de cómo hacerlo. Siento que estoy atascada".

Ricardo explotó al expresar sus sentimientos.

"Me siento atascado y frustrado". Su voz del otro lado de la línea telefónica se oía exasperada. "Sé que tengo dones y que mi vida tiene un llamado, pero aquí estoy". Recién graduado de la universidad, Ricardo había comenzado a estudiar para el ministerio y parecía tener un futuro prometedor. Luego, se tomó un descanso del ministerio a tiempo completo para entrar en el mundo de los negocios. Como ejecutivo de cuentas, estaba teniendo gran éxito en lo profesional, pero estaba frustrado en el ámbito personal. Había comprado la casa suburbana de sus sueños y un miniván donde cabían todos sus hijos. Estos asistían a buenas escuelas, pero era evidente que él se sentía infeliz. "Estoy ascendiendo por el escalafón corporativo. Mis jefes me aprecian. Soy bueno en lo que hago, pero algo no anda bien", me dijo preocupado. "He probado el éxito, pero sé que mi vida debe marcar una diferencia más grande. Necesito ayuda para desatascarme".

Tuve una conversación similar con una joven casada.

Cuando Susana entró a mi oficina, pude ver dolor en la mirada en su rostro. Tan solo dos años antes, había sido la imagen misma de la felicidad. Se había casado con el hombre de sus sueños. Estaban comenzando una nueva vida juntos, emocionados por su futuro y listos para marcar una diferencia en el mundo. Ahora, estaba allí en mi oficina, con su marido a su lado. Tenía los hombros caídos y la chispa se había esfumado de sus ojos. Me miró con ojos apagados y me confesó: "Estoy atascada. Me siento lastimada, maltrecha e inservible como esposa". Su matrimonio no había resultado como ella había esperado. Había perdido la confianza en su marido. Su perspectiva del futuro alguna vez fue brillante, pero ahora era oscura y confusa. "Temo haber cometido un error. Siento que pasaré el resto de mi vida lamentando mi decisión. Tengo miedo de quedar atrapada en un ciclo de infelicidad durante el resto de mi vida. No sé qué hacer. Necesito ayuda".

"ME SIENTO lastimada, maltrecha e inservible como esposa".

Santiago era pastor y se sentía igual de atrapado.

"No estoy seguro de qué me sucedió", me dijo, sacudiendo la cabeza. "Recuerdo cuando me sentía lleno de fe y emocionado por el ministerio al que Dios me había llamado". Tomó un poco de café y, luego, irrumpió: "¿Cómo puedo pastorear una iglesia cuando estoy seco en lo espiritual?". Luego, bajó la voz y agregó: "Nunca me imaginé que sería tan difícil ser líder. Todas las críticas, las presiones, las expectativas y los problemas interpersonales han lastimado mi alma. No estoy seguro de querer continuar. Si pudiera renunciar y buscar otro trabajo, creo que lo haría, pero me siento atascado. Tengo que ser un líder espiritual cuando me siento espiritualmente sin vida. No estoy seguro de qué hacer".

Quizás te sientas identificado con Julio, con Angélica, con Ricardo, con Susana, o incluso con Santiago. Estos son tan solo algunos de entre cientos de personas de todos los ámbitos de la sociedad que terminan por confesar lo mismo: "Estoy atascado y no sé cómo avanzar".

UN REY SIN CARÁCTER, UN PROFETA CON AGALLAS Y UNA REINA DEPRAVADA

Uno de los líderes espirituales más importantes de la historia se sintió exactamente igual que las personas de las historias que acabas de leer. Este líder tenía una trayectoria espectacular, pero terminó por caer en el pozo oscuro del desánimo. Su agotamiento físico y su decepción emocional finalmente se convirtieron en un chasco espiritual. En su momento más oscuro, terminó en una cueva. Sin embargo, la experiencia de Elías en la cueva resultó ser el episodio más transformador de su vida. El profeta Elías, originario de Tisbe, vivió en el siglo IX a.C. durante una época especialmente oscura y turbulenta en Israel. El rey Acab fue el gobernante más egocéntrico y cobarde que se sentó sobre el trono de Israel (1 Reyes 21:25-26). Este se casó con una mujer llamada Jezabel, hija del infame rey de Sidón. Su reputación manipuladora y su hambre de poder la convirtieron en el arquetipo de la mujer malvada en la literatura estadounidense. Si buscas el nombre Jezabel en el diccionario, encontrarás palabras relacionadas como "descarada", "desvergonzada", "libertina", "cazafortunas", "mujerzuela", "depravada" o "ramera". No es necesario decir que Jezabel no figura en las listas de los nombres más populares para tiernas bebés recién nacidas. Piénsalo, ¿a cuántas chicas conoces que se llamen Jezabel? El matrimonio entre Acab y Jezabel lanzó al reino del norte a una época tremendamente oscura, dominada por la adoración al dios favorito de ella, Baal.

En medio de todo esto, Elías tomó la valiente decisión de enfrentar a Acab y de pronunciar una sequía épica sobre la tierra que duró más de tres años. Para garantizar que Elías tuviera agua para beber mientras el resto de Israel se secaba, Dios le instruyó esconderse junto a un arroyo llamado Querit. Los ríos se secaron, las cosechas se marchitaron, el ganado murió y, a medida que se intensificaba la sequía, lo mismo sucedía con el odio que sentía Acab hacia Elías, el hombre a quien culpaba por la crisis nacional provocada por la sequía. Acab declaró a Elías el enemigo número uno de Israel y ordenó una búsqueda nacional del escurridizo profeta. Mientras tanto, Elías sobrevivió bebiendo agua del arroyo y comiendo el alimento que los cuervos le suministraban.

Con el tiempo, hasta el arroyo de Querit se secó y Dios le dijo a Elías que se dirigiera a la aldea de Sarepta (no es obligatorio recordar este nombre), donde se hospedó con una pobre viuda y con el hijo de ella. Dios siguió proveyendo de forma milagrosa para su supervivencia mientras el profeta vivió con esta necesitada familia.

EL ENFRENTAMIENTO

Finalmente, Dios le anunció a Elías que había llegado el momento para presentarse ante el ahora furioso y exasperado rey Acab. Así pues, después de tres años de esconderse, Elías desafió a Acab a reunir al pueblo y a sus cuatrocientos cincuenta profetas paganos en el monte Carmelo para un enfrentamiento. Todos llegaron para presenciar el espectáculo. Allí, en la cima del monte, Elías reprendió duramente a Israel por vacilar entre ser fieles a Dios o a Baal. El pueblo permaneció en silencio. Entonces, el profeta propuso una competencia para determinar a quién seguiría Israel de una vez por todas. Esta fue la prueba: los profetas edificaron un altar para Baal, y Elías edificó un altar para Dios. Luego, los profetas sacrificaron a dos novillos, uno para cada altar, y colocaron la ofrenda sobre la leña. Sin embargo, en lugar de encender fuego a la leña, los profetas debían orar para que un fuego sobrenatural devorara la ofrenda. El pueblo de Israel acordó servir a aquel que probara su poder y que enviara fuego del cielo.

Los profetas de Baal comenzaron. Con entusiasmo y fanatismo, estos cuatrocientos cincuenta profetas danzaron, gritaron y se sajaron en un intento sangriento y frenético por hacer descender fuego del cielo. Desde la mañana hasta la tarde, los profetas paganos continuaron sus rituales furiosos hasta que, agotados, cedieron su turno a Elías.

Con la confianza de un hombre con una misión, Elías reunió tranquilamente al pueblo y solicitó que se derramara agua sobre el altar tres veces. Luego, dio un paso al frente y pronunció una sencilla oración: "Jehová Dios de Abraham, de Isaac y de Israel, sea hoy manifiesto que tú eres Dios en Israel, y que yo soy tu siervo, y que por mandato tuyo he hecho todas estas cosas. Respóndeme, Jehová, respóndeme, para que conozca este pueblo que tú, oh Jehová, eres el Dios, y que tú vuelves a ti el corazón de ellos" (1 Reyes 18:36-37).

De pronto, cayó fuego del cielo y su intenso calor consumió a los novillos, la leña, las piedras y hasta el polvo que rodeaba el altar. La multitud, asombrada, cayó sobre su rostro y comenzó a entonar: "¡Jehová es el Dios, Jehová es el Dios!". Imagina cómo debió de haberse sentido Elías. El altar humea detrás. Decenas de miles de personas están postradas en el suelo y entonan continuamente: "Jehová es el Dios". Los cuatrocientos cincuenta profetas de Baal, agotados y ensangrentados, miran en desconcierto e incredulidad. El rey Acab mira hacia Elías con una expresión que parece decir: "¿Quién eres tú?". Un nuevo sentimiento de temor y de respeto por este profeta barbudo que hace descender fuego del cielo lo abruma. Toda la nación reconoce que Elías y su Dios han sido vindicados.

¡Y YO CREÍ QUE SE HABÍA TERMINADO!

Parecería que Elías logró su propósito, ganó la batalla y, finalmente, superó este calvario de tres años. Ahora podría dejar de esconderse, regresar a su casa, ponerse sus pantuflas favoritas y regresar a la vida de siempre. Suspiró con alivio y preparó su discurso de victoria. Solo quedaba un detalle por resolver. La reina Jezabel se había negado a presentarse al enfrentamiento entre los profetas y prefirió, en cambio, permanecer en su palacio de verano en Jezreel. La última tarea de Elías era informarle a Jezabel que sus profetas habían perdido y que él mismo había ganado la competencia divina.

Elías le informó a Acab: "Sube, come y bebe; porque una lluvia grande se oye" (1 Reyes 18:41). Ahora que el pueblo de Israel se había vuelto a Dios, era momento de poner fin a la sequía. Elías aconsejó a Acab preparar su carro y dirigirse a toda velocidad a su hogar en Jezreel antes del aguacero. Cuando el cielo se ennegreció con las nubes de la tormenta, el poder del Señor descendió sobre Elías y este corrió los treinta y dos kilómetros (20 millas) hasta Jezreel más rápido que el carro de Acab. Aparentemente, Roger Bannister no fue el primer hombre en correr una milla por debajo de los cuatro minutos. Elías estaba imparable y en su mejor momento.

Claramente, Elías pensó que Jezabel caería sobre su rostro en derrota y que confesaría que él y su Dios habían ganado el enfrentamiento de forma justa. No podía esperar para escuchar el discurso de concesión de Jezabel. Las Escrituras no nos describen de qué manera le informó Acab a su controladora esposa que sus profetas habían fracasado y que todos habían sido ejecutados. Yo solo puedo imaginarme su expresión de desconcierto y de incredulidad. Puedo ver sus ojos entrecerrarse, sus labios apretarse y las venas marcársele en la frente. La puedo oír sisear: *"Elías..."*, y luego susurrar con un tono asesino: "Lo quiero muerto para mañana. Díganle que no me conformaré hasta cortarle la cabeza".

Probablemente, Elías estaba moviéndose de un lado para el otro, delante de las puertas del palacio, esperando para escuchar las buenas noticias. En cambio, el mensajero salió con el cruel mensaje de la reina. Robert Deffinbaugh se imagina el momento de esta manera: "Elías escucha el sonido de pasos aproximarse a la puerta y mira con atención mientras esta se abre. No sale ni Acab ni Jezabel, sino más bien uno de los siervos, quien le transmite el mensaje de la reina al profeta: Tiene veinticuatro horas de vida. Jezabel lo matará, tal como él mató a los cuatrocientos cincuenta profetas de Baal".[1]

Elías se quedó desconcertado. No era lo que él esperaba.

1 Robert L. Deffinbaugh, "The Life and Times of Elijah the Prophet—Elijah Throws in the Towel (1 Kings 18:45–19:21)", Bible.org, 24 de agosto de 2004, https://bible.org/seriespage/life-and-times-elijah-prophet%E2%80%94-elijah-throws-towel-1-kings-1845-1921.

Seguramente, se alejó lentamente, sorprendido por las palabras del mensajero, intentando procesar lo que acababa de suceder.

ALGO SE ROMPE EN SU INTERIOR

Sucedió sin previo aviso. Fue como si algo se rompiera en el interior de su alma. Este superhéroe espiritual comenzó a derretirse. La amenaza de Jezabel se apoderó del corazón de Elías. La emoción de la victoria del día anterior se derrumbó a su alrededor. Su fe inquebrantable se convirtió en un temor incontrolable. Desconcertado y desestabilizado por el mensaje de Jezabel, Elías se dio media vuelta y huyó por su vida. Unos cuantos minutos antes, había corrido con gran energía a la velocidad de los carros del rey hacia la promesa de un futuro brillante. Ahora, comenzó a correr en la dirección opuesta, motivado por un temor abrumador. Su huida presa de pánico lo llevó a cientos de kilómetros de distancia, hasta la ciudad de Beerseba, conocida como "la puerta del desierto".

FUE COMO SI algo se rompiera en el interior de su alma.

En Beerseba, solo se detuvo para dejar a su criado; luego, se dirigió directamente hacia lo más remoto del desierto. Durante más de ocho horas, tropezó por la campiña seca y rocosa. Mientras más viajaba, más aislado se volvía el entorno. Entonces, divisó un enebro, un arbusto con una copa espesa, y se tiró bajo sus ramas. Finalmente, susurró una oración desesperada entre resoplos y suspiros: "Basta ya, oh Jehová, quítame la vida, pues no soy yo mejor que mis padres" (1 Reyes 19:4).

El agotamiento y la decepción se convirtieron en desánimo bajo aquel sol incandescente del desierto. Sus ojos se cerraron y cayó en un sueño profundo. Algún tiempo después, se despertó repentinamente para descubrir que, junto a su cabeza, lo aguardaba una comida ya preparada. Comió en silencio y se durmió de nuevo. Después de una larga siesta, se despertó una segunda vez y se le dijo que comiera y que bebiera para prepararse para un largo trayecto.

Entonces, Elías viajó durante cuarenta días y cerca de trescientos veinte kilómetros (200 millas) por el desierto de Parán hasta llegar al icónico monte de Dios en la punta sur de la península del Sinaí, el monte Horeb. Casi seiscientos años antes, Dios se había aparecido a Moisés en ese mismo lugar. Algunos se seguían refiriendo a este monte como "el monte de Dios". En total, unos sesenta y tres capítulos del Antiguo Testamento nos hablan de eventos que tuvieron lugar en este monte.[2] Este no era un monte cualquiera. Era el monte de Dios. Elías ascendió por la escarpada ladera hasta que llegó a una cueva. Se asomó a esta cavidad sombría y, luego, se abrió paso hasta una oscura esquina, en la que pasó la noche.

Esta cueva se convertiría en el escenario de uno de los encuentros más dramáticos que se documentan en las Escrituras. Allí, Elías enfrentaría sus fantasmas más profundos y las fuerzas que lo habían conducido hacia la oscuridad. Allí, tendría un encuentro que transformaría su vida. Esta es la historia de un hombre, de una cueva y de su Dios.

---

2 Ver Bryant G. Wood, "What Do Mt. Horeb, the Mountain of God, Mt. Paran, and Mt. Seir Have to Do with Mt. Sinai?", Associates for Biblical Research, 17 de noviembre de 2008, https://www.biblearchaeology.org/research/exodus-from-egypt/4012-what-do-mt-horeb-the-mountain-of-god-mt-paran-and-mt-seir-have-to-do-with-mt-sinai.

CAPÍTULO 3

LOS SIETE PUNTOS DE ATASCO

Hace un par de años, decidí de último momento hacer un viaje de Chicago a Atlanta. Era el cumpleaños de mi hijo Josiah y él estaba emocionado por asistir al concierto de Lecrae, el rapero cristiano, en el Georgia Dome. Así que mi hijo, mi hija y un amigo de su edad nos subimos al auto y comenzamos nuestra aventura. Nos reíamos, contábamos anécdotas y escuchábamos música. Era un viaje en auto común y corriente con tres adolescentes eufóricos.

A unos cuantos kilómetros de Indianápolis, la camioneta que iba junto a nosotros pasó por una capa de hielo negro y, literalmente, nos sacó de un golpe de la carretera. Es algo intimidante chocar con la isla central de una supercarretera a ciento cinco kilómetros (65 millas) por hora. La isla central estaba repleta de arbustos y de árboles pequeños, por lo que salimos disparados, rodando por la maleza. Me sentí como en una de esas películas en las que el auto da vueltas por la jungla y lo único que la audiencia puede ver son ramas que golpean contra el parabrisas. La única diferencia fue que yo me encontraba *en* la película, y no comiendo palomitas en el cine.

Me preparé para el impacto, pero, para mi asombro y alivio,

nos detuvimos por completo después de atravesar una fila de árboles pequeños. Mis tres pasajeros adolescentes estaban asustados, pero ilesos. La conductora de la camioneta que nos sacó de la carretera estaba detenida a unos metros de distancia. Medio aturdido, me acerqué a conversar con la apenadísima mujer que llevaba puesta una pijama y tubos para el cabello. Mientras regresaba a mi auto, algo inesperado sucedió. Mi hijo gritó en advertencia, se oyó un rechinido de llantas y yo me subí a nuestro auto justo a tiempo. Un vehículo fuera de control se salió de la carretera y nos pasó por un lado. Durante los siguientes minutos, vimos como unos veinte automóviles y un tráiler se estrellaban para formar una enorme colisión múltiple sobre el asfalto. Toda la carretera estaba llena de pedazos de autos. El nuestro y muchos otros sufrieron pérdidas totales. La carretera estaba ahora cerrada. Todos estábamos atascados.

Unos días más tarde, la aseguradora me llamó para preguntarme cómo había comenzado esta colisión múltiple de veinte vehículos. El agente quería saber la secuencia de eventos que había conducido a docenas de vehículos destrozados, personas heridas y una carretera bloqueada. Cuando comencé a relatar la historia, me di cuenta de que había muchas cosas que "pudieron" haber sido diferentes. Si tan solo la mujer con los tubos en el cabello se hubiera mantenido en su carril. Si tan solo yo hubiera conducido un poco más lento. Si tan solo los equipos de mantenimiento hubieran limpiado antes la carretera. Si tan solo el auto que estaba detrás de nosotros hubiera prestado más atención. Si tan solo el conductor del tráiler se hubiera detenido junto a la carretera en lugar de frenar de golpe. Una serie de errores empeoraron el problema que llevó a cientos de viajeros a atascarse y que envió a docenas de personas al hospital.

Al recordar tu propia historia e intentar explicar cómo terminaste atascado, puede que descubras lo mismo que yo. Hay muchas cosas de tu historia que "pudieron" ser diferentes. Típicamente, no terminas atascado por un solo incidente. En cambio, lo que te llevó a tu estado actual fue una serie de incidentes (y tu respuesta a estos).

HAY MUCHAS COSAS de tu historia que "pudieron" ser diferentes.

He conocido a muchas personas talentosas y llenas de energía que, inesperadamente, terminaron detenidas a un lado de la carretera. Se descubrieron rascándose la cabeza y preguntándose qué les había sucedido. A menudo, permanecen tanto tiempo en aquel atasco espiritual que su alma se seca, sus sueños se evaporan y descartan su visión como una etapa de idealismo juvenil ingenuo.

Casi todas las personas que se "atascan" durante la vida comparten al menos algunos de estos "puntos de atasco". Estos puntos también aparecen en la historia de Elías. Él tuvo que enfrentar cada uno de ellos para lograr salir de su cueva. Estos siete puntos de atasco son trampas que lanzan a millones de personas a vidas frustradas y sin salida. No todos se atascan en los siete puntos, pero la mayoría sí tenemos problemas con una combinación de ellos.

PRIMER PUNTO DE ATASCO: UNA VIDA AISLADA

El primer punto de atasco es una vida aislada. La soledad es una excelente disciplina espiritual, pero el aislamiento es un problema emocional letal con el que la mayoría luchamos.

El aislamiento no es sano en prácticamente ninguna etapa ni contexto de la vida. El lugar más peligroso del mundo es cuando estamos a solas con nuestros propios pensamientos oscuros y problemas sin resolver.

Al igual que con muchos de nosotros, el instinto de Elías fue huir de su problema y aislarse de las personas que más necesitaba en esta fase crítica de su trayecto. A través de la experiencia en la cueva, Elías recibió el llamado de salir de su ciclo de aislamiento. Este profeta estilo "llanero solitario" debía volver a descubrir el poder de las relaciones interpersonales en esta nueva etapa de la vida. Salir y permanecer fuera de la cueva implica cultivar una comunidad sana que nos proteja de regresar a esta misma cueva.

SEGUNDO PUNTO DE ATASCO: UN PENSAMIENTO DISTORSIONADO

El segundo punto de atasco es un pensamiento distorsionado. Este se asemeja a una grabación viciada que se repite una y otra vez en nuestra mente y que nos convence de una realidad falsa. Con el tiempo, este mensaje distorsionado moldea y define nuestra forma de ver el mundo. Estos mensajes en nuestra mente repiten mentiras respecto a nuestra identidad y destino. Los pensamientos distorsionados nos conducen irrevocablemente a dar pasos equivocados que solo empeoran nuestro atascamiento. Como un insecto atrapado en una telaraña pegajosa, mientras más nos esforzamos por escapar, más enredados quedamos.

Dios tuvo que interrumpir la grabación mental de Elías mediante un desafío a su forma de pensar. Si nuestros pensamientos no están moldeados por la verdad, entonces lo estarán por el mensaje que se repita con más frecuencia y volumen en nuestra mente. Este mensaje determinará nuestra respuesta instintiva a la vida.

TERCER PUNTO DE ATASCO: UNA PÉRDIDA AUDITIVA

El tercer punto de atasco es una pérdida auditiva. Muchos de nosotros tenemos tanto "ruido blanco" en nuestra vida que nos cuesta trabajo escuchar con claridad la voz de Dios. El diccionario Webster define el ruido blanco como un ruido de fondo constante que ahoga los demás sonidos. Es prácticamente imposible oír el silbo apacible de Dios cuando nuestra mente está llena de conversaciones de temor, de ansiedad, de inseguridad y de autocompasión.

Recientemente, después de una conferencia, me quedé un poco de tiempo para conversar, escuchar anécdotas y orar por las personas. Finalmente, los organizadores necesitaban cerrar el auditorio, de manera que me condujeron fuera de la sala y, rápidamente, me dirigieron hacia mi auto. Detrás de mí, escuché que alguien me llamaba por mi nombre. Me di media vuelta y vi a un hombre de unos treinta y tantos años que corría para alcanzarme.

"Sé que tiene que irse —me dijo—, pero tengo una necesidad urgente de oración. He sido creyente durante varios años, pero nunca he escuchado la voz de Dios". Continuó explicando que había clamado y buscado a Dios, pero que lo único que escuchaba era el silencio divino: "¿Podría orar para que Dios me hable?", me pidió.

Al identificar la sinceridad en su rostro, le dije que no.

Me miró con sorpresa. ¿Por qué se negaría un pastor a

orar para que Dios le hablara? "Si en verdad eres hijo de Dios, no necesito pedirle a Dios que te hable —le respondí—. Más bien, le pediré que tus oídos se abran para que puedas escucharlo cuando Él te hable". Le expliqué que yo tenía tres hijos a quienes amo profundamente y que no podría imaginar dejar de hablarles. Sin embargo, muchas veces, cuando les hablo, ellos no pueden escucharme porque el ruido de la música o de la televisión ahoga mi voz.

MUCHOS CREYENTES sinceros se ven frustrados por su incapacidad para escuchar a Dios con claridad.

Así que aquella tarde, en aquella acera repleta de gente, en lugar de orar para que Dios le hablara a este hombre, puse mis manos sobre sus hombros y oré para que él hiciera callar el ruido blanco que le impedía oír la voz de su Creador.

Muchos creyentes sinceros se ven frustrados por su incapacidad para escuchar a Dios con claridad. La voz de sus propios pensamientos, temores, ansiedades, inseguridades y malentendidos suele tener tanta fuerza que la voz de Dios termina por ser imperceptible.

CUARTO PUNTO DE ATASCO: UNA IDENTIDAD DISTORSIONADA

El cuarto punto de atasco que nos impide seguir avanzado es una identidad distorsionada. La imagen mental que tenemos de nosotros mismos define la manera en que interactuamos con nuestro mundo. La batalla por la identidad personal se libra desde los patios de juegos de un jardín de infantes hasta las oficinas corporativas de nuestros centros empresariales. La forma en que nos vemos a nosotros mismos y la persona que creemos que somos afectará nuestra vida tanto como cualquier otro pensamiento.

Hace un tiempo, tuve la oportunidad de hablar delante de cientos de jóvenes en Quito, Ecuador. Yo había escuchado que el punto medio de la tierra, la línea que divide al hemisferio norte del hemisferio sur, se encontraba a unos pocos kilómetros de la ciudad de Quito, de manera que contratamos un tour para visitarla. Ciertamente, había allí un enorme monumento llamado *La Mitad del Mundo*. Una línea amarilla de varios cientos de metros estaba trazada sobre el ecuador. Esta atravesaba el centro de varios edificios y se podía ver marcada por el medio del pasillo central de una pequeña capilla. Las personas se tomaban fotografías con un pie del lado norte de la línea y con el otro del lado sur, parados sobre ambos hemisferios al mismo tiempo.

Nuestro guía nos explicó que, si te encuentras en el centro del ecuador, puedes hacer girar un huevo sobre la cabeza de un alfiler y este no se caerá. Cuando le preguntamos si podíamos intentarlo, nos dijo que sí, pero que tendríamos que caminar unos doscientos cincuenta metros (800 pies) hasta la verdadera línea del ecuador. Lo miramos confundidos. El guía nos explicó que, en 1936, cuando los científicos determinaron la línea del ecuador, sus instrumentos no eran tan precisos como los actuales sistemas de GPS. Sus cálculos estaban equivocados por unos doscientos cincuenta metros. Todos los años, más de quinientos mil turistas visitan la Mitad del Mundo y se toman fotografías en la famosa línea amarilla. La mayoría de ellos no sabe que la verdadera "mitad del mundo", el ecuador, no tiene una línea amarilla visible ni un monumento y que, en realidad, se encuentra a varios cientos de metros de distancia.

Elías creía que estaba solo, abandonado por Dios y que su vida era un fracaso. Estaba a doscientos cincuenta metros de la verdad. Al igual que la engañosa línea amarilla, la imagen mental que tenemos de nosotros no suele reflejar la realidad. En cambio, refleja las distorsiones que hemos creído. Solo podemos ver la imagen real cuando nos vemos desde la perspectiva divina. El GPS de Dios siempre está en lo correcto.

QUINTO PUNTO DE ATASCO: PROBLEMAS SIN RESOLVER

El quinto punto de atasco son los problemas sin resolver o los asuntos que pasamos por alto. Estos son problemas que hemos evitado en el pasado y que se convierten en una de las causas principales de este atasco en la vida. Todos tendemos a evitar temas dolorosos. Sin embargo, evitar estas dificultades pospone el dolor inmediato, pero, en realidad, incrementa exponencialmente nuestros problemas de largo plazo.

Se notaba que la chica estaba incómoda en aquella silla en mi oficina. "Quería compartirle mi historia", me dijo tímidamente. Me explicó que había visitado nuestra iglesia unos dos años antes. Ella nunca había estado antes en una iglesia cristiana y, aunque se sentía atraída por el gozo que veía en los demás, también le atemorizaba lo que significaría para ella regresar. Durante los siguientes dos años, su vida se sumergió más y más en la ansiedad y en una depresión paralizante. Su hermana se preocupó mucho por ella y la animó a buscar a Dios. Ella decidió darle otra oportunidad a la iglesia New Life.

"Esa mañana, usted habló sobre la necesidad de perdonar

y de liberar a las personas que nos han lastimado para poder avanzar —me dijo—. Lloré durante todo el mensaje. Yo sabía que, por primera vez en mi vida, Dios me estaba hablando". Me reveló con tristeza cómo de niña un pariente había abusado sexualmente de ella y, cuando fue mayor, un hombre en quien confiaba la había violado. La vergüenza, el enojo y el resentimiento se agolparon todos en la oscuridad abrumadora de la depresión. "Decidí asistir al retiro de mujeres —continuó—. Por primera vez en mi vida, dejé de negar los hechos y enfrenté mi dolor. Con la ayuda de algunas hermanas, pude confesar lo que había sucedido, aceptar el perdón de Dios y comenzar el trayecto hacia el perdón. Yo había estado evitando mi doloroso pasado, pero ahora, por primera vez en la vida, siento verdadera esperanza". Cuando finalmente me miró a los ojos, agregó: "Quisiera haber hecho esto hace mucho tiempo".

CUANTO MÁS HUIMOS de nuestros problemas, más controlan estos nuestro destino.

He escuchado esta historia repetirse una y otra vez. Cuanto más huimos de nuestros problemas, más controlan estos nuestro destino y afectan todas las áreas de nuestra vida. Solo cuando los miramos de frente, cuando estamos dispuestos a entrar en esos terrenos escarpados, podemos avanzar finalmente.

SEXTO PUNTO DE ATASCO: UN LLAMADO CONFUSO

El sexto punto de atasco es un llamado confuso. Es esencial aceptar lo que fuimos llamados a hacer y lo que debemos soltar. Dejar ir esas cosas que nunca fueron nuestra responsabilidad libera la energía interna y los recursos necesarios para responder a nuestro llamado principal.

Asumir más de lo que fuimos llamados a hacer nos revela nuestra necesidad de controlar; asumir menos de lo que fuimos llamados a hacer nos revela nuestro temor al fracaso. Muchas personas con buenas intenciones se lanzan a su tarea e intentan marcar una diferencia, solo para perder velocidad gradualmente y estancarse. A veces, comienzan a perder el impulso cuando su pasión disminuye y no pueden entender qué les está sucediendo. Un llamado indefinido sin delimitaciones claras nunca es sostenible. Cuando aceptamos nuestro llamado específico con delimitaciones claras, la pasión y la energía pueden regresar. Elías terminó en la cueva de la autocompasión y del aislamiento en parte por haber asumido más de lo que Dios le había pedido. Su experiencia después de la cueva le exigiría aclarar su llamado y soltar su necesidad de controlar ciertas responsabilidades que no le correspondían.

SÉPTIMO PUNTO DE ATASCO: UN INICIO POSPUESTO

El último punto de atasco es un inicio pospuesto. Llega el momento en que la persona necesita despedirse de la seguridad de la cueva y aventurarse al arriesgado mundo de la vida por fe. Los mejores días de Elías estaban por venir. Tenía que actuar con decisión y no posponer los primeros pasos hacia esta nueva etapa de su vida. Todos nosotros debemos llegar al punto de inflexión entre dar el siguiente paso o permanecer atascados. Este es un momento intimidante, el instante en el que soltamos nuestro propio control y escogemos confiar en nuestro Padre celestial.

Cuando mi hija, Marissa, tenía unos cuatro años, su cabeza quedó atrapada entre dos barrotes de metal en la barandilla de una escalera. Sucedió un domingo por la mañana en una escuela que rentábamos para nuestros servicios de la iglesia. Yo estaba ocupado conversando con una persona cuando uno de los ujieres me hizo señas y, con un tono de urgencia, me dijo: "Tu esposa te necesita de inmediato". Y agregó: "Tu hija se quedó atrapada".

Me dirigí rápidamente por el corredor, sin saber qué esperar. Cuando llegué a la esquina, la vi. Parecía una prisionera, con sus dos manitas aferradas a los barrotes de metal y con la cabeza asomando entre los barrotes. Por la expresión en el rostro de mi esposa, pude ver que estaba intentando permanecer tranquila, pero que estaba conteniendo sus lágrimas.

Yo traté de sonreír y le pregunté a mi hija: "¿Qué sucede, jovencita?".

Marissa me miró con sus grandes ojos marrones y me dijo: "Papá, ¡me quedé atrapada!".

Mi esposa me susurró que llevaban un rato intentando liberarle la cabeza sin lastimarla, pero que no habían logrado nada. Ella había intentado convencer a mi hija de levantar la cabeza, pero Marissa tenía miedo de lastimarse. Algunos de los ujieres intentaron levantarla para sacarla, pero ella tuvo miedo y se resistió con las manos bien aferradas a los barrotes. A continuación, intentaron separar los barrotes, pero eran de hierro sólido. Mi esposa estaba tan preocupada que quería que llamáramos a los bomberos o a la policía. Ya estaba intentando averiguar cómo cortar el metal sin lastimar a nuestra hijita.

Me di media vuelta y le dirigí a mi hija una enorme sonrisa. “Papá se las arreglará para liberarte”. Para intentar relajarla, le dije que su abuelita se reiría mucho cuando le contáramos la historia. En tono jocoso, le dije que parecía una mona del zoológico, con la cabeza entre los barrotes. Ella sonrió. Entre palabras y sonrisas, comencé a levantar su cuerpo.

Al principio, se tensó y se aferró fuertemente a los barrotes. “Papá, me va a doler”. Yo le aseguré que tendría cuidado y que me detendría si le dolía. Poco a poco, dejó de resistirse y soltó los barrotes. Cuando finalmente dejó de aferrarse a los barrotes, logré levantarla un poco más. Después de varios intentos, su cabeza alcanzó la posición correcta y logré sacarla de allí, para el deleite del creciente grupo de espectadores. Todos aplaudieron y dieron gritos de alegría, pero no hay nada más gratificante que el abrazo de una niñita que te considera un héroe.

Cuando finalmente confió en mí y se soltó de los barrotes, logré desatascarla. Ella pudo haber quedado libre de los barrotes mucho antes si tan solo los hubiera soltado, pero su temor le impidió hacerlo.

EL MOMENTO DECISIVO

La mayoría de nosotros llegamos a un punto en el que tenemos que decidir entre aferrarnos a nuestra seguridad o salir de la cueva. Este es un momento decisivo que implica un paso de obediencia, un acto de fe y una gran confianza en nuestro Padre celestial. Será evidente si has dado o no este paso. He conocido a personas que saben lo que deben hacer, pero que viven posponiéndolo perpetuamente. Se engañan a sí mismos y piensan que están en el camino, pero en realidad están atascados mientras esperan el momento oportuno, los recursos o un cambio en sus circunstancias.

En los siguientes capítulos, analizaremos el proceso de desatascarse. Para cada punto de atasco, existe un paso que debemos dar para avanzar. Entender por qué estamos atascados es solo el inicio. Lo que distingue a quienes parecen atrapados de quienes logran avanzar a la siguiente etapa de su vida es la disposición a comprometerse con el proceso de desatascarse.

CAPÍTULO 4

SAL DEL AISLAMIENTO

Su nombre era Muyena. Jamás olvidaré sus hermosos ojos marrones, ni su rostro redondo, ni el apretón de sus bracitos alrededor de mi cuello ni la mirada que me dirigió.

Hace unos años, me invitaron a viajar a Mozambique, en África, para explorar oportunidades misioneras. Los efectos de la colonización, una guerra civil sanguinaria, los disturbios políticos y una epidemia grave de malaria y de VIH habían devastado a este maravilloso país y a este tenaz pueblo. Visitamos varios orfanatos repletos de niños cuyos padres habían muerto antes de tiempo por culpa de esas enfermedades. Se nos dijo que, en Mozambique, la esperanza de vida promedio era de unos cuarenta y cinco años.

Ese orfanato en específico estaba situado en las afueras de la ciudad de Maputo. Había sido construido a pocos metros de uno de los vertederos de basura más grandes de la ciudad. El orfanato estaba a cargo de las Hermanas de la Caridad, la orden fundada por la madre Teresa de Calcuta. Más de doscientos niños vivían dentro de las instalaciones, pero los trabajadores alimentaban todos los días a más de cuatrocientos niños africanos. Las monjas, rodeadas por docenas de niños curiosos, nos saludaron con una sonrisa. Muchos de estos niños nunca habían visto a gente blanca y estaban fascinados por el vello de nuestros brazos y por el color de nuestra piel.

Las hermanas nos dieron una rápida visita guiada del ministerio. Recorrieron la cortina que servía de puerta y nos introdujeron a una habitación grande, poco iluminada, llena de catres con hombres enfermos. Nos informaron que todos estos hombres estaban muriendo y que su trabajo era ayudarlos a morir con dignidad. Nos llevaron a otra habitación del mismo tamaño, llena de mujeres en su lecho de muerte. Muchas de estas mujeres eran las madres de los niños que conocimos antes. La mayoría tenían un aspecto extremadamente delgado y frágil, y era evidente que estaban luchando por mantenerse con vida.

Aún impactados por lo que acabábamos de ver, la monja nos llevó hasta otra habitación. Esta se hallaba llena, de pared a pared, con cunas. En cada cuna había un niño o una niña de menos de dos años. Cuando entramos a la habitación, una monja que atendía a una de las niñas levantó la mirada para saludarnos con la cabeza. Yo miré la cuna que estaba delante de mí y allí estaba ella, la pequeña Muyena, mirándome fijamente. Le pregunté a la monja si podía tomar en mis brazos a la niñita durante un momento. Ella pareció renuente. Con un acento marcado, me dijo, sin mucha convicción: "Adelante, pero prepárese".

Cuando levanté a Muyena, la pequeña rodeó de inmediato mi torso con sus piernitas, colocó sus brazos alrededor de mi cuello y hundió su cabeza en mi pecho. De vez en cuando me miraba mientras yo la abrazaba. Le hablé en tono suave, como solía hacer con mis hijos cuando eran bebés. Evidentemente, ella no entendía nada de inglés, pero esto no la molestó en lo más mínimo. Caminé con ella en mis brazos durante algunos minutos, hasta que la monja que dirigía la visita insistió en que necesitábamos proseguir. Cuando intenté retirar de mi cuello los bracitos de Muyena, me di cuenta de lo fuerte que era. Se aferraba a mí con toda la fuerza de sus brazos y sus piernas. Cuando finalmente la coloqué de vuelta en su cuna, lanzo un alarido que hizo que todos los demás niños se detuvieran para mirarla. Su boquita estaba abierta de par en par y lloraba con todas sus fuerzas, pero sus ojos estaban clavados en mí. Me fue difícil salir de aquella habitación, sabiendo que sus lágrimas me llamaban.

La monja me miró y me dijo: "Todos quieren que alguien los abrace".

Se lamentó de tener demasiado poco personal para poder abrazar durante suficiente tiempo a todos los bebés: "Lo único que necesitamos es a alguien con la voluntad y el cariño para abrazar a los bebés".

ME FUE DIFÍCIL salir de aquella habitación, sabiendo que sus lágrimas me llamaban.

Me conmoví tanto que le dije que regresaría a Chicago y que, tan pronto como pudiera, enviaría a un grupo solo para abrazar a los bebés. Unos meses más tarde, varias mujeres de nuestra iglesia volaron hasta África para participar en este ministerio de abrazar a los bebés.

Con frecuencia he meditado sobre esta niñita, Muyena, y sobre su necesidad de alguien que la abrazara. La monja africana tuvo toda la razón: "Todos quieren que alguien los abrace". No importaba que Muyena estuviera rodeada por docenas de otros bebés en aquella habitación abarrotada, ni tampoco que pudiera ver a otras monjas moviéndose por el lugar. Ella quería que alguien la abrazara.

SOLO EN LA BOLERA

Los huérfanos de África no son los únicos que anhelan conexiones personales. En ciudades como Chicago, es posible estar rodeado de personas, competir por un lugar de estacionamiento, subirse a un elevador abarrotado, chocarse con extraños en la acera y vivir con un espacio mínimo entre uno y sus vecinos y, aun así, sentirse extrañamente solo. Es posible ser una madre que se dedica al hogar con dos niños pequeños colgados de su falda, un estudiante universitario con dos mil seguidores en Twitter, un médico que atiende a docenas de pacientes al día o un conductor de autobús que interactúa con cientos de personas cada turno y, a pesar de todo, sentirse aislado. En realidad, la soledad más dolorosa es la que experimentamos cuando hay personas a nuestro alrededor. La mayoría de las personas que viven en edificios departamentales en Chicago casi nunca conoce a sus vecinos de al lado. Comparten paredes, pasillos, elevadores y hasta dirección, pero permanecen extrañamente aislados unos de otros. La soledad no se debe a la falta de personas, sino a la falta de conexiones auténticas entre personas.

EL IMPULSO DE AISLARSE

Si analizas de cerca la historia de Elías, descubrirás que, durante los tres años que precedieron a su crisis de fe, parece sumamente aislado. Él estaba huyendo de las autoridades y, sin duda, tuvo que ocultar su identidad de sus vecinos, lo que seguramente no contribuyó de forma positiva a la situación. Se vio forzado a vivir en una zona prácticamente despoblada, lejos de sus familiares y amigos. Además, cuando Jezabel lo amenazó, él huyó y abandonó a la única persona que había permanecido a su lado, su criado.

Elías viajó desde Jezreel, ubicada en el valle entre el monte Carmelo y el mar de Galilea, hasta la ciudad sureña de Beerseba, a unos ciento sesenta kilómetros (100 millas) de distancia. Después de dejar allí a su criado, se aisló aún más y viajó al lugar más remoto que pudo encontrar. De inmediato, se lanzó a otra caminata por el desierto. La meta de Elías fue alejarse lo más posible de todos sus conocidos. Las Escrituras nos dicen: "Viendo, pues, el peligro, se levantó y se fue para salvar su vida, y vino a Beerseba, que está en Judá, y dejó allí a su criado. Y él se fue por el desierto un día de camino" (1 Reyes 19:3-4).

Robert Putnam, profesor de Harvard, escribió un libro titulado *Solo en la bolera: Colapso y resurgimiento de la comunidad norteamericana*, en el que documenta el declive de la vida comunitaria durante las últimas cinco décadas. El título de este libro proviene de la observación de Putnam sobre las ligas de boliche. Él descubrió que el boliche representa un microcosmos de nuestro estilo de vida. Aunque el número de personas que juega al boliche se ha incrementado en los últimos veinte años, el número de personas que pertenece a una liga se ha reducido. El porcentaje de adultos que pertenece a una liga de boliche hoy es aproximadamente una cuarta parte de lo que fue en la década de 1960. La estadística por sí sola podría decirnos únicamente algo sobre el boliche, pero existen otros datos que lo confirman:

- El porcentaje de personas que se ofrecen como voluntarias en campañas políticas (para rellenar sobres, hacer llamadas telefónicas y visitar a personas puerta a puerta) en la actualidad es aproximadamente la mitad de lo que fue a finales de la década de 1960.
- A finales de la década de 1970, el estadounidense promedio recibía a amigos en casa unas catorce veces al año. Hoy, ese número se acerca más a ocho.
- El porcentaje de miembros activos de clubes y organizaciones locales, como la Asociación de Padres y Maestros, es la mitad de lo que fue en la década de 1970.

La gente se visita y recibe amigos en casa con menos frecuencia. En resumen, toda medida objetiva de la participación comunitaria está en declive.

La pronosticadora de tendencias y consultora de mercadotecnia Faith Popcorn (sí, ese es su nombre real) acuñó el término "cocooning" en la década de 1990. El *cocooning*, que se traduce como el acto de envolverse en un capullo, es el nombre que se le dio a la tendencia de las personas de retraerse en su hogar y de socializar menos y de forma menos personal. Cuando Popcorn predijo esta tendencia, no tenía manera de saber que, en pocos años, la tecnología haría que el *cocooning* fuera más fácil que nunca. Nuestra conectividad ha crecido mediante Twitter, los mensajes de texto, Facebook, Instagram, Snapchat y la red social de última moda, pero nuestro sentido de pertenencia parece estar en el punto más bajo de la historia. Hemos creado una cultura en la que las personas están hiperconectadas, pero extrañamente solas.

NUESTRA CONECTIVIDAD ha crecido, pero nuestro sentido de pertenencia parece estar en el punto más bajo de la historia.

Los sentimientos de soledad se han duplicado: en dos estudios recientes, el 40% de los adultos afirmó sentirse solo, a diferencia del 20% durante la década de los ochenta.[1] Un estudio del Consejo Estadounidense de Seguros de Vida documentó que el grupo más solitario en Estados Unidos son los estudiantes universitarios. Rodeados de personas de su propia edad y ocupados con una incesante ola de actividades y de interacción, tras puertas cerradas, confiesan sentir una soledad extrema. De hecho, los estudiantes universitarios se encuentran por encima en sentimientos de soledad que las personas divorciadas, que los beneficiarios de prestaciones sociales, que las madres solteras, que los estudiantes rurales, que las amas de casa y que los ancianos.[2]

La asistencia a conciertos lleva diez años decayendo, porque a las personas ya no les gusta ir a un concierto para perderse en la multitud.[3] Sin embargo, si monitoreamos otra tendencia durante los últimos diez años, veremos que la popularidad de los conciertos va en declive, pero que la de las cafeterías va en aumento. Hace un año, el *State Journal* escribió un artículo sobre las cafeterías. Escucha lo que dijo una persona:

1 Robert D. Putnam, *Solo en la bolera: Colapso y resurgimiento de la comunidad norteamericana* (Barcelona: Galaxia Gutenberg, 2002).
2 Este estudio se ha citado a menudo en conferencias, blogs, sermones y otras fuentes, y es de fácil acceso en el internet.
3 *John Lanferman Blog*. http://johnlanferman.blogspot.com/2011/08/lonely-people-designed-for-community.html.

"Vengo aquí porque me gusta un ambiente de actividad. No me gusta sentirme solo".[4]

El aislamiento y la reclusión son grandes problemas que afectan a nuestra cultura. También son fuerzas importantes que mueven a muchos a meterse en su cueva.

El aislamiento

El aislamiento tiene que ver con alejarse de las demás personas, y la reclusión tiene que ver con protegernos y refugiarnos de otros. Elías se alejó de las personas que más necesitaba de su sistema relacional de apoyo. En su esfuerzo por alejarse de todos, llegó a experimentar la tristeza de la soledad. Yo mismo he estado en el desierto que Elías transitó y me asombra que alguno pudiera sobrevivir durante un período prolongado en aquel arenal árido y escabroso. La zona desértica cerca de la antigua Beerseba se extiende hasta donde llega la vista. Recorre un panorama aparentemente interminable de colinas rocosas, secas y accidentadas. Es parte de una de las zonas desérticas más grandes del mundo, pero el desierto no es el único lugar al que solemos escaparnos para encontrar soledad. A menudo, estamos rodeados por personas, pero seguimos creando nuestra propia versión del desierto, tal como mi amigo Carlos.

Mi amigo me miró con ojos tristes y me dijo: "Ya no quiero estar cerca de los demás". Yo conocí a Carlos durante nuestra adolescencia. Él siempre había sido abierto, divertido y extrovertido. En la mayoría de las reuniones, se veía rodeado de personas que escuchaban su anécdota humorística más reciente. Les caía bien a los demás y a él mismo le gustaba estar rodeado

4 Ibíd.

de gente. Sin embargo, la última vez que había estado con él, me había compartido que estaba atravesando un momento difícil al lidiar con las críticas en su trabajo. Se había visto obligado a tomar decisiones difíciles respecto a algunas personas que estaban en conflicto. Sus acciones resultaron en amistades perdidas y algunas de estas personas comenzaron a criticarlo en privado. Semana tras semana, él mismo se vio lidiando con personas volátiles y buscado mediar soluciones de paz.

Durante varios meses, Carlos tuvo que lidiar con reuniones tensas, colegas disgustados y agresiones verbales. Comenzó a decaer en lo emocional y en lo físico. Unas pocas semanas después de que vi a Carlos, su esposa me llamó, preocupada por su estado mental.

"Carlos ya no es el mismo —me explicó—. Cuando llega a casa del trabajo, se mete a la habitación y cierra la puerta con seguro. Llevamos meses sin salir con amigos. Cuando suena su teléfono, no lo contesta. No puedo sacarlo de la casa. Lo peor de todo es que hasta a mí me excluyó de su mundo".

Con renuencia, Carlos accedió a verme en una cafetería. Después de hacerle algunas preguntas, finalmente me confesó: "Tantas personas que consideraba amigos me han atacado que sencillamente ya no tengo la energía para lidiar con nadie". Me confesó que se cruzaba del otro lado de la calle si veía a una persona conocida caminando hacia él. Lo animé a dar pasos para salir de su encierro por el bien de su esposa y de su propia cordura. Él tan solo sacudió la cabeza y dijo: "Tú no me entiendes. Ahora mismo, no tengo la energía para estar con personas". Aunque Carlos seguía respirando, me alejé de aquella reunión con la sensación de que había presenciado la muerte de un amigo.

Desafortunadamente, la negativa de Carlos de poner fin a su aislamiento terminó costándole su trabajo, sus finanzas, su salud, su vida espiritual y, por poco, su familia. Carlos cayó en una depresión tan profunda que dejó de poder funcionar en el trabajo. Después de que lo despidieron de su empleo, se volvió incluso más amargado, cínico y aislado. La siguiente vez que volví a ver a Carlos, era tan solo una sombra de lo que había sido alguna vez. Aquel líder divertido, extrovertido y espiritualmente vivaz se había convertido en un introvertido cínico, negativo y abatido que vivía en un aislamiento casi total.

En mi propia vida, he notado que, cuando me va bien, me atraen las relaciones abiertas y honestas. Sin embargo, cuando tengo problemas, mi tendencia es evitar a los demás por completo. La mayoría de nosotros luchamos con el "Síndrome de Carlos" durante ciertas etapas de nuestra vida. Al igual que él, tendemos a retraernos de las personas en medio de nuestras crisis personales, precisamente cuando más necesitamos de ellos.

Existe una diferencia entre la disciplina espiritual de la soledad y el aislamiento malsano. Wayne Cordeiro, autor del libro *Andar con el tanque vacío*, dice: "La soledad es una disciplina sana y prescriptiva; el aislamiento es un síntoma de agotamiento emocional".[5] La autora Hara Estroff, editora de la revista *Psychology Today*, resalta la diferencia entre la soledad y el asilamiento:

> Desde afuera, la soledad normal y la soledad nociva son muy similares. Ambas se caracterizan por la

5 Wayne Cordeiro, *Andar con el tanque vacío: Rellena tu tanque y renueva tu pasión* (Miami, FL: Peniel, 2011), capítulo 6.

> solitariedad. Sin embargo, las similitudes se quedan a un nivel superficial. La soledad nociva es un estado negativo, marcado por el aislamiento. La persona tiene la sensación de que algo le falta. Es posible estar con otras personas y sentirse solo; esta es quizás la forma más amarga de soledad nociva. La soledad normal es el estado de estar solo sin sentirse solo.
>
> La soledad normal puede usarse para la reflexión, la retrospección, el crecimiento o algún tipo de disfrute. Una lectura profunda requiere de soledad, como también experimentar la belleza de la naturaleza. Lo mismo suele suceder con el pensamiento y la creatividad. La soledad normal refresca; es una oportunidad para renovarnos. En otras palabras, nos alimenta.
>
> La soledad nociva es cruel, es un castigo, es un estado de deficiencia, un estado de descontento marcado por el distanciamiento, la consciencia de un aislamiento excesivo.[6]

El aislamiento es la consecuencia de retraerse de aquellos que pueden ayudarnos en momentos de dificultades.

La reclusión

El aislamiento es el primero de dos errores vitales que cometemos cuando enfrentamos retos y dificultades en la vida. El segundo es la reclusión. El aislamiento nos mueve a alejarnos de los demás, pero la reclusión nos mueve a protegernos

6 Hara Estroff Marano, "What Is Solitude?", *Psychology Today*, 21 de noviembre de 2013, http://www.psychologytoday.com/articles/200308/what-is-solitude.

y a refugiarnos de ellos. El primer relato de un ser humano en reclusión se encuentra en el libro de Génesis. Cuando Adán y Eva estaban bien, anhelaban la comunión y la relación con Dios y con el otro. En cuanto su mundo se desmoronó por un acto descarado de desobediencia, las relaciones y la comunidad cambiaron para siempre. De pronto, Adán y Eva se vieron con la necesidad de cubrirse de la vista del otro y de esconderse de Dios. Cuando oyeron la voz de Dios en el huerto, se escondieron. Observa el comportamiento de Adán: "Mas Jehová Dios llamó al hombre, y le dijo: ¿Dónde estás tú? Y él respondió: Oí tu voz en el huerto, y tuve miedo, porque estaba desnudo; y me escondí" (Génesis 3:9-10).

LA EXTRAÑA PARADOJA es que, en nuestro momento de mayor necesidad, tendemos a escondernos de nuestra herramienta más útil: las amistades.

Lo que movió a la primera pareja a recluirse fue el temor y la vergüenza que sintieron. El temor al rechazo y la vergüenza por los fracasos propios son factores naturales de reclusión. En el momento en el que Adán y Eva más necesitaban a Dios y el uno del otro, su reflejo natural contraproducente fue aislarse y recluirse. La extraña paradoja es que, en nuestro momento de mayor necesidad, tendemos a escondernos de nuestra herramienta más útil: las amistades.

Elías caminó por el desierto del aislamiento durante cuarenta días y recorrió trescientos veinte kilómetros (200 millas) en silencio y soledad absolutas. El desierto puede producirte cosas extrañas en la mente. Durante casi un mes, caminó solo, hablando consigo mismo, mientras pensamientos de temor inundaban su mente. Los eruditos estiman que el trayecto requería unos veinte días de caminata normal, además del ascenso escarpado de más de dos mil metros (7000 pies) hasta la cima del monte Sinaí. Sin embargo, a Elías le tomó cuarenta días. Probablemente, los efectos indolentes del desánimo y del abatimiento le hicieron arrastrar los pies. Me imagino a Elías ensimismado en sus pensamientos, mascullando para sus adentros y repasando su historia una y otra vez a medida que avanzaba penosamente hacia el monte Horeb. Para el momento en el que llegó a la cueva, ya estaba manifestando los efectos destructivos de pasar demasiado tiempo en soledad.

CÓMO SALIR DEL AISLAMIENTO

Cuando Dios comenzó a sacar a Elías de su cueva, no solo lo estaba preparando para escapar de la cárcel espiritual en la que había estado atrapado. También lo estaba capacitando para entrar en una nueva etapa de relaciones saludables. Dios le dio a Elías un plan específico para romper su historial de aislamiento. Este plan relacional incluía: un confidente, colegas y una comunidad. Cuando Elías entró en la cueva, se hallaba solo y aislado. Cuando salió, lo hizo con un plan en mano para salir de su aislamiento.

Si nos adelantamos en la historia, escucharemos el mandato de Dios a Elías de regresar por el camino que había tomado para dirigirse a la cueva. Él continuó: "llegarás, y ungirás a Hazael por rey de Siria. A Jehú hijo de Nimsi ungirás por rey sobre Israel; y a Eliseo hijo de Safat, de Abel-mehola, ungirás para que sea profeta en tu lugar" (1 Reyes 19:15-16).

Salir del aislamiento y escoger la vulnerabilidad de la

conexión con otros es parte del proceso de restauración. Elías se había acostumbrado ya a trabajar solo en su misión. Parte de la solución de Dios para salir de la cueva fue darle un aprendiz que lo acompañara y que, más tarde, ocupara su lugar. Durante esta nueva etapa, Elías debería pasar mucho tiempo en la compañía del joven Eliseo. Como resultado, sucederían dos cosas: la formación de un nuevo líder y la restauración de un líder anciano.

Para desatascarnos, es necesario entender la importancia de las relaciones saludables en nuestra vida y trabajo. Elías salió de su cueva decidido a colocar en su vida tres nuevas esferas relacionales. Él salió con un confidente, con una comunidad y con un plan para interactuar con sus colegas.

Los colegas son socios que nos ayudan a sobrellevar la carga de responsabilidades en nuestra vida. Elías no tenía una relación cercana con sus nuevos colegas, Hazael y Nimsi, pero sí les pidió que asumieran la responsabilidad de partes de su ministerio que él mismo no podía controlar.

Un confidente puede tomar diferentes formas, pero todas estas requieren una relación cercana de confianza. La amistad más cercana de Elías fue Eliseo, su aprendiz y, eventualmente, su sucesor. Eliseo fue el confidente, compañero cercano y asistente diario de Elías. El profeta invirtió su tiempo, experiencia y vida misma en este joven pupilo. Esto es lo que llamamos en mi iglesia "impartición de vida sobre vida".

Finalmente, Elías salió de su cueva con una nueva comprensión de su comunidad. Uno de los problemas que lo había llevado en primer lugar a la cueva fue la suposición equivocada de que estaba solo en sus valores y convicciones. Él se creía el único israelita fiel en toda la nación. Dios le reveló que, de hecho, había siete mil varones adicionales en Israel que no habían doblado sus rodillas delante de Baal. Elías descubrió que formaba parte de una comunidad mucho más grande que compartía su perspectiva, una comunidad que ni siquiera sabía que existía. El diseño de Dios para esta nueva etapa en la vida de Elías implicaba descubrir a sus colegas, a su confidente y a su comunidad.

¿TEMES LOS LUNES?

Muchas personas temen el lunes por la mañana. A mí, me encanta. Todos los lunes por la mañana me junto con un grupo increíble de colegas y confidentes y con una comunidad que llegan de todas partes de la ciudad. Oramos, adoramos, compartimos, aprendemos y celebramos la vida y el ministerio juntos. He conocido a algunos de estos líderes durante más de dos décadas. Tenemos heridas de batalla similares y compartimos victorias juntos. Hemos viajado juntos, orado por los hijos de los demás, llorado juntos, reído juntos hasta salírsenos las lágrimas, nos hemos desafiado el uno al otro, confrontado el uno con el otro y compartido ayunos, oraciones y vida juntos. Es difícil para mí imaginarme sobrevivir los retos del ministerio en esta ciudad sin este equipo.

Trabajar con personas en vecindarios complicados en ciudades como Chicago puede ser brutal. La tasa de rotación entre pastores, consejeros, trabajadores sociales y agentes de la ley es elevada. El agotamiento es un problema generalizado. Muchas personas quedan tan abrumadas por la inmensidad de las necesidades y la intensidad de los problemas que sencillamente renuncian o bien se endurecen al punto de realizar mecánicamente sus labores. Una pequeña minoría descubre el poder de las relaciones saludables. Yo mismo estoy convencido de que los líderes que sobreviven a largo plazo son aquellos que edifican o encuentran intencionalmente una comunidad duradera.[7]

Estos líderes "de larga duración" que mantienen la cordura, gozan de matrimonios sanos y siguen disfrutando de su trabajo han descubierto las esferas relacionales que Dios le reveló a Elías.

En su libro *Límites para líderes*, Henry Cloud resume la segunda ley de la termodinámica: "En el universo, todo se está desgastando, quedándose sin energía y volviéndose cada vez menos organizado y más desordenado". El Dr. Cloud aplica esta ley a las personas y a su salud relacional. Sin aportaciones externas, las personas también se desgastan, se quedan sin energía y se desconcentran cada vez más. El Dr. Cloud señala que, en un sistema cerrado, donde no hay aportaciones relacionales, es inevitable quedarse sin energía, pero que, en un sistema abierto, este proceso puede revertirse. El Dr. Cloud anima a su lector: "Fíjese un límite en su tendencia a ser un 'sistema cerrado' y sea receptivo a las aportaciones externas que traigan consigo energía y dirección".[8]

Tal vez, al leer este capítulo, te has dado cuenta de que estás viviendo en aislamiento, pero te preguntas qué puedes hacer para salir de allí. Te animo a comenzar con tres pasos sencillos. Primero, comienza con lo que ya tienes. Tal vez ya tengas amigos en tu círculo cercano que podrían convertirse

7 Esto fue lo que descubrió un nuevo estudio de LifeWay Research que sondeó a mil pastores protestantes en Estados Unidos; ver https://research.lifeway.com/2011/10/05/pastors-feel-privileged-and-positive-though-discouragement-can-come/.

8 Henry Cloud, *Límites para líderes: Resultados, relaciones y estar ridículamente a cargo* (Nashville, TN: Harper Enfoque, 2014), capítulo 10.

en buenos confidentes. Enumera a tres de tus amigos más cercanos. Ten una conversación con cada uno de ellos y explora lo que se necesitaría para juntarse una vez al mes. Mantengan sus reuniones informales y transparentes y dense permiso para hacer preguntas difíciles.

Segundo, considera a algunas personas que trabajan o sirven contigo. ¿Tienes colegas con los que podrías compartir cierta responsabilidad? ¿Tienes colaboradores que pudieran ayudarte a crecer y a aprender de los demás? Estas relaciones no serán tan personales como tus confidentes, pero pueden serte de mucha utilidad.

Tercero, da pasos para invertir en una comunidad de fe. Encuentra una iglesia local a la que puedas unirte y en la que puedas usar tus dones y talentos para marcar una diferencia. Resiste el impulso de criticar o de pensar que nadie es como tú. Arremángate y encuentra un lugar para servir y para participar en la misión junto con otros.

Esta semana pasada, mi esposa recibió una tarjeta de parte de una de sus amigas que forma parte del ministerio de liderazgo:

> Dee:
> He tenido la idea de enviarte una tarjeta de agradecimiento desde hace algún tiempo. Tú has estado a mi lado en cada paso oscuro que he dado por el camino de la ansiedad. Saber que estabas a tan solo una llamada de distancia, lista para leerme las Escrituras y orar conmigo fue de gran consuelo. Gracias por estar allí para mí todas las mañanas y por hablarme con la verdad cuando los miedos irracionales amenazaban

> con abrumarme. Significa mucho para mí saber que tú misma pasaste por una etapa de temor y de ansiedad y que has aprendido a entregarle a Dios esos temores y a entrenar tu mente para avanzar rápidamente del temor a la verdad. Gracias por orar por mí y por nunca perder la esperanza en mi futuro.

El poder de un amigo es irreemplazable. No nos damos cuenta de cuánto necesitamos a la comunidad hasta que atravesamos por momentos oscuros. Durante estos momentos, nos damos cuenta de que el aislamiento no se termina sencillamente con esperar que la vida cambie. El aislamiento se supera cuando damos pasos para bajar la guardia, abrir nuestra vida e invitar a otros a nuestro trayecto.

CAPÍTULO 5

REFORMULA TU PERSPECTIVA

A los veintitantos años, la responsabilidad del pastorado me había superado. Sabía que necesitaba ayuda, de manera que llamé a Jake, mi excompañero de cuarto en el instituto bíblico, y le pedí que viniera conmigo a Chicago para ayudarme. Yo sabía de su llamado y de su pasión sincera por Dios. Jake tenía muchos dones y estaba dispuesto a servir, pero seguía luchando contra las voces de su pasado. Creció en un hogar roto, con padres que atravesaron múltiples divorcios. Las heridas de una familia disfuncional se manifestaron en Jake en la forma de una conciencia hipersensible y de un sentido de ineptitud que lo bombardeaban con culpa y con acusaciones siempre que se enfrentaba a una nueva oportunidad.

Jake arrancó con entusiasmo su nuevo rol ministerial. Sin embargo, pronto comenzó a experimentar culpa y sentimientos crónicos de condenación. Él y yo conversamos largamente sobre sus luchas, pero nada parecía ayudarlo. Después de varios meses, la presión lo superó. Sin previo aviso, empacó sus cosas en su pequeño Ford Escort gris e intentó escapar de Chicago. Al salir de la ciudad, de pronto sintió un agudo dolor en el costado que lo obligó a estacionar el auto en un lateral de la carretera. Él sintió que Dios estaba intentando llamar su atención, pero estaba decidido a huir, por lo que se dirigió hacia la carretera y avanzó durante cuarenta y cinco minutos hacia las afueras de Chicago, donde su auto repentinamente se averió. De alguna manera, logró dar vuelta al auto y a duras penas llegó hasta la ciudad. El mecánico le echó un vistazo al motor y comentó: "Me parece que Dios mantuvo en marcha el auto, porque el motor está destrozado". Jake regresó a Chicago, desalentado y decepcionado.

A menudo, lo que nos mueve a la cueva paralizante del aislamiento, la frustración y el temor son las voces en nuestra cabeza que nos hablan de nuestra identidad y destino. El mensaje se vuelve un guion que nos repetimos incesantemente, como una grabación dañada, una y otra vez hasta que se convierte en nuestra nueva realidad. Esto fue lo que le sucedió a Jake. Quizás es lo mismo que te sucedió a ti.

¿CÓMO LLEGASTE A TU CUEVA?

Elías viajó casi 320 kilómetros (200 millas) en soledad antes de llegar a la cueva. Se adentró exhausto en la oscuridad de la cueva y, de seguro, rápidamente cayó dormido.

Elías se despierta. Está en una oscuridad total. El aire es húmedo y fresco. Todo el cuerpo le duele. Sus ojos escudriñan la oscuridad en busca de alguna señal familiar; le toma algunos segundos recordar en dónde está. Sus ojos comienzan a adaptarse. Luego, como un torrente, los recuerdos comienzan a regresar. Su corazón se hunde cuando recuerda que es un fugitivo y que huye de una recompensa por su cabeza. Está en una cueva. Esta cueva es su nuevo hogar.

En aquel instante, escucha una voz familiar. La ha escuchado antes y sabe de inmediato quién le habla. La pregunta rompe el silencio y resuena fuerte y clara.

"¿Qué haces aquí, Elías?".

No me gusta que me hagan preguntas cuando acabo de despertarme de un sueño profundo. Necesito una taza de café y unos minutos para mí. Pero Elías se despierta con una pregunta que requiere un profundo examen de conciencia para responderla: "¿Qué haces aquí, Elías?".

En lugar de reflexionar sobre la pregunta, Elías ofrece una respuesta rápida y bien ensayada. Su respuesta nos muestra su mentalidad de primera mano. Obtenemos un vistazo del guion negativo que se ha estado repitiendo una y otra vez en la mente del profeta durante su largo trayecto por el desierto. Por fin, estalla con las palabras que esperó tanto tiempo para pronunciar: "He sentido un vivo celo por Jehová Dios de los ejércitos; porque los hijos de Israel han dejado tu pacto, han derribado tus altares, y han matado a espada a tus profetas; y solo yo he quedado, y me buscan para quitarme la vida" (1 Reyes 19:10).

Toda persona atascada debe responder esta pregunta: "¿Qué hago aquí?". Para responderla, deberás dar un paso atrás y recordar qué te llevó a ese lugar en primera instancia. Al repasar tu historia, te concentrarás de forma natural en las circunstancias difíciles y en las personas complicadas, pero, en cambio, deberías concentrarte en tu mentalidad. Lo que nos lleva a la cueva no son las personas ni las circunstancias, sino más bien nuestras ideas equivocadas.

¿Puedes oír la frustración, el desánimo y la autocompasión en la respuesta de Elías?

Señalar cuán injusta ha sido la vida y cuánto te has esforzado es una reacción instintiva común a la pregunta: "¿Qué haces aquí?". Elías estaba convencido de que estar en esta cueva no era una decisión propia, sino más bien la consecuencia inevitable de circunstancias que estaban fuera de su control. A través de su respuesta, descubrimos que sus motivaciones eran sus esfuerzos fallidos, su decepción en los demás, su soledad y una perspectiva pesimista del futuro.

TODA PERSONA atascada debe responder esta pregunta: "¿Qué hago aquí?".

Evidentemente, cuando el Dios omnisciente del universo hace una pregunta, no es porque no conozca la respuesta. Cuando el Dios Todopoderoso hace una pregunta es porque Él quiere que tú mismo descubras algo en el proceso de buscar la respuesta.

Justo antes de que Jesús realizara uno de sus milagros más sorprendentes, Él se dirigió a uno de sus discípulos y le hizo una pregunta similar. Al final de un largo día de enseñanza, Jesús levantó la mirada y vio a una multitud que lo seguía. Todos estaban cansados y hambrientos y era ya casi la hora de la cena. Jesús se volvió hacia Felipe, su discípulo, y le preguntó: "¿De dónde compraremos pan para que coman estos?" (Juan 6:5).

Lo que me encanta de este pasaje es que nos dice exactamente la razón por la que Jesús le hizo esta pregunta: "para probarle; porque él sabía lo que había de hacer" (v. 6). Jesús tenía un plan, pero, aun así, hizo la pregunta. Él no necesitaba una lluvia de ideas con Felipe y los discípulos para llegar a alguna solución creativa. Él no estaba atrapado ni necesitaba asesoría logística. Él ya tenía una estrategia, pero estaba probando a Felipe y escudriñando su corazón.

Felipe meditó durante un momento y luego comenzó a hacer cuentas. Se puso su sombrero de proveedor alimentario y calculó cómo dar de cenar a cinco mil hombres hambrientos. Mientras más lo pensaba, más entraba en pánico. Finalmente, respondió, un poco exasperado: "Doscientos denarios [doscientos días de salario] de pan no bastarían para que cada uno de ellos tomase un poco" (Juan 6:7).

Casi puedo oír a Felipe: "Jesús, alimentar a estos hombres nos costará una fortuna. Incluso si Judas, nuestro tesorero, pudiera conseguir el dinero, ¿en dónde encontraríamos abierta una panadería? Y aun si convenciéramos al panadero de ayudarnos, nos tomaría días preparar tanto pan. Supongamos que la panadería pudiera darnos miles de hogazas de pan, tendríamos también que idear cómo transportarlas. Para cuando podamos entregarle el pan a esta multitud hambrienta, sería de nuevo la hora del desayuno. Con todo respeto, Jesús, alimentar a estas personas es una locura".

La respuesta de Felipe reveló lo que Jesús ya sabía. Sus discípulos aún tenían mucho que aprender en cuanto a confiar en Él. Jesús estaba preparando el escenario para uno de los milagros de multiplicación más comentados de la historia. Él ya sabía que un niñito ofrecería su almuerzo para compartir con la multitud. Él ya sabía que distribuiría el almuerzo de este niño a sus discípulos y que les pediría alimentar con él a más de cinco mil hombres hambrientos, sin contar mujeres y niños, hasta que quedaran satisfechos. Él ya sabía que terminarían recolectando doce cestas llenas de sobras. Cuando le preguntó a Felipe: "¿De dónde compraremos pan para que coman estos?", Él ya tenía un plan claro.

De manera similar, cuando Dios le preguntó a Elías: "¿Qué haces aquí?", Él conocía la respuesta y contaba ya con un plan.

LA MENTALIDAD DE VÍCTIMA

Una de las formas más comunes de pensamiento distorsionado es una mentalidad de víctima. Elías había desarrollado un caso grave de este problema. Cuando comienzas a pensar que eres una víctima y que no eres responsable por la cueva en la que te encuentras, inevitablemente te quedarás atrapado.

Ella estaba allí sentada, con los brazos cruzados y con la espalda a medias hacia su marido. Él sí me miraba de frente, pero de vez en cuando echaba un vistazo, frustrado, a su esposa. De pronto, exclamó: "Cuando ella comience a respetarme y a apoyarme, yo comenzaré a amarla como me pide". Hizo una pausa y continuó: "¿Cómo puedo 'cuidarla' cuando me fastidia constantemente y se resiste a todas las decisiones que tomo?".

Ella se dio la vuelta de inmediato y replicó: "Yo no puedo cambiar hasta que él cambie. No puedo respetar a un hombre que no trata a una mujer como se merece". Le dirigió una mirada llena de enojo: "Cuando comiences a escucharme y a ponerme en primer lugar como tu esposa, entonces te mostraré respeto. Hasta ese momento, no puedo respetarte".

El marido estaba exigiendo respeto y ella, amor.

"A ver, explíquenme algo —interrumpí—. ¿Ninguno de los dos puede cambiar hasta que el otro cambie?".

He tenido esta conversación muchas veces con personas atascadas en un punto muerto en la relación. El esposo, frustrado, piensa: *Seguiré trabajando todas las horas extra que pueda y pondré excusas hasta que mi esposa cambie su comportamiento*. La esposa piensa, a su vez: *Yo seguiré fastidiándolo hasta que comience a llegar más temprano a la casa y demuestre su cuidado hacia mí y hacia nuestra familia.* Ambos cónyuges se creen la víctima y, a menos que la otra persona dé el primer paso, tampoco están dispuestos a dar un paso positivo. Esta mentalidad nos hace víctimas de los cambios de humor y de las decisiones del otro. Muchos nos quedamos sentados en nuestra cueva, esperando que el otro cambie antes de dar nosotros el primer paso.

Elías comenzó a operar bajo esta misma mentalidad distorsionada. Durante su trayecto hasta la cueva, comenzó a destacar sus circunstancias difíciles y las faltas de los demás para justificar regodearse en esta prisión oscura y húmeda.

Es verdad que no podemos controlar lo que los demás nos hacen. Tenemos poca injerencia sobre las actitudes y comportamientos de los demás hacia nosotros. Sin embargo, siempre podemos escoger tener o no una mentalidad de víctima. Considera la respuesta de Elías con más atención.

Elías sentía que había sido fiel al Señor, pero que nadie más lo era. ¿En qué sentido podría ser esto su culpa? Por supuesto que Elías no era responsable de las acciones de los demás. Sin embargo, sí era responsable de su propia respuesta a estas acciones.

MUCHOS NOS quedamos sentados en nuestra cueva, esperando que el otro cambie antes de dar nosotros el primer paso.

Como padre, tú no eres responsable por la actitud rebelde de tu hijo adolescente, pero sí eres responsable de tu propia dureza y enojo hacia él. Como esposa, no eres responsable por la insensibilidad y la falta de consideración de tu marido, pero sí eres responsable por la amargura y el resentimiento que has permitido que crezcan en tu corazón. Como empleado, no eres responsable por las malas decisiones que tu jefe toma en el trabajo, pero sí eres responsable por esa perspectiva crítica que has permitido que te quite la energía y productividad. Como nuera, no eres responsable por la inseguridad y actitud controladora de tu suegra, pero sí eres responsable por la forma en la que has permitido que el enojo influencie tus acciones. Como estudiante universitario, no eres responsable por el terrible divorcio que están atravesando tus padres, pero sí eres responsable por la falta de perdón que has permitido que invada tu vida. Como jefe, no eres responsable por la actitud negativa y crítica de ciertos empleados hacia la administración, pero sí eres responsable por tus reacciones despreciativas o duras hacia ellos.

Elías no era responsable por la dureza espiritual y la apostasía de Israel, pero sí era responsable por perder la esperanza y por dejar de confiar en Dios en medio de la crisis. Durante tres años, él luchó por mantener una actitud correcta ante esta serie de circunstancias tan terribles... y lo logró. Irónicamente, cuando perdió su confianza en Dios, se convirtió como el resto de los israelitas a quienes culpaba por su condición.

Es evidente que Elías había ensayado este mensaje distorsionado una y otra vez. Cuando Dios le pregunta por segunda vez: "¿Qué haces aquí, Elías?", él le responde automáticamente con la misma frase, palabra por palabra: "He sentido un vivo celo por Jehová Dios de los ejércitos; porque los hijos de Israel han dejado tu pacto, han derribado tus altares, y han matado a espada a tus profetas; y solo yo he quedado, y me buscan para quitarme la vida" (1 Reyes 19:13-14).

Este guion se había convertido en su respuesta automática e instintiva.

Una cosa es caer ocasionalmente en pensamientos distorsionados, pero si nos quedamos atascados en ellos, comenzamos a sufrirlo de forma personal.

EL "PUNTO GATILLO"

En 1942, la médico e investigadora, Janet Travell, acuñó el término "punto gatillo" para describir un punto de dolor en el cuerpo humano que, cuando se toca, dispara una contracción nerviosa o dolor en otra parte del cuerpo.

La mentalidad que nos mueve a la mayoría a nuestra cueva es gradual y progresivo, pero usualmente tiene un "punto gatillo" que, cuando se toca, provoca una reacción en otra parte de nuestra vida. Hasta el momento del enfrentamiento en el monte Carmelo, Elías parecía casi un superhumano. Ni se inmutaba ante las amenazas del rey. Se irguió desafiante y con nervios de acero, en la cima del monte Carmelo. Creía en Dios sin reservas. Pero entonces, sucedió. Elías colapsó y comenzó a caer por la espiral descendente a alta velocidad.

El temor invadió su mente y no pudo sacárselo de encima: "Viendo, pues, el peligro, se levantó y se fue para salvar su vida" (1 Reyes 19:3). Quizás, como Elías, llevas años bien, hasta que alguien toca tu punto gatillo. Tu esposa menciona el divorcio, encuentras drogas en la mochila de tu hijo adolescente, comienzan los despidos en tu oficina, te diagnostican con cáncer, un líder en quien confiabas te decepciona. Un punto gatillo puede destapar un torrente de emociones negativas que inundan tu pensamiento y que ahogan tu esperanza.

Hace unos años, experimenté uno de estos incidentes

"gatillo" que me afectó de primera mano. A una prima mía de veintitantos años, que hasta entonces había gozado de buena salud, le diagnosticaron un tumor cerebral. Ella fue una joven valiente que luchó contra el enemigo del cáncer con gran fe y determinación. Después de una lucha valerosa, murió el día que cumplió treinta años. Recuerdo haber sentido por primera vez cuán corta y frágil es la vida. Poco después, comencé a sentir dolores en la parte baja de la espalda. Consulté a un médico, pero no identificamos el problema. Le solicité más estudios, pero no los creyó necesarios. Yo procedí a ignorar estos dolores intermitentes, sin pensar demasiado en el asunto.

UN PUNTO GATILLO **puede destapar un torrente de emociones negativas que inunda tu mentalidad y que ahoga tu esperanza.**

Entonces, un día, me pidieron que visitara un hospital donde un amigo mío de edad avanzada estaba en su lecho de muerte, en estado de coma. Llevaba allí menos de treinta minutos cuando, de pronto, su monitor dejó de sonar y falleció. Su hijo estaba furioso. Me explicó que su padre llevaba meses quejándose de un dolor lumbar, pero que los médicos habían tardado en pedir las pruebas de laboratorio que habrían identificado mucho antes el cáncer que terminó por matarlo. Me describió los dolores que tuvo su padre, dolores que comenzaban en la espalda y que se extendían hacia su costado. ¡La descripción correspondía perfectamente con los dolores que yo había experimentado durante los últimos meses! Mi mente estaba en un frenesí mientras conducía a casa desde el hospital. Llamé a mi aseguradora para confirmar que la póliza de mi seguro de vida estuviera actualizada. Cuando llegué a casa, abracé a mi esposa más fuerte que de costumbre. Me dirigí a mi oficina y escribí una carta y coloqué instrucciones para que mi familia la leyera después de mi muerte. Comencé a imaginar mi funeral y a mi esposa como una viuda angustiada. Regresé al médico y le insistí en que me hiciera más pruebas.

Unos días más tarde, el médico me llamó. Yo me preparé para lo peor. "Sr. Jobe —me dijo—, no estoy seguro de cómo no lo notamos la primera vez, pero me apena informarle que tiene usted una infección renal grave". El médico se sorprendió de lo feliz que me puse ante la noticia. Yo tenía ganas de bailar por mi oficina y cantar: "Tengo una infección renal. ¡Qué felicidad!". Sentí un alivio tremendo al saber que no era cáncer. Pasé algunos días en el hospital mientras mi cuerpo luchaba contra la infección, pero jamás he estado tan feliz de estar enfermo.

Si nunca has experimentado un punto gatillo, esto puede parecerte irracional, pero el temor siempre lo es. La actitud y la fe de Elías, que usualmente eran confiadas y sólidas, se habían visto sacudidas. El ruido de los pensamientos de temor se volvió tan fuerte que este legendario hombre de Dios se derrumbó. Una amenaza de la poderosa reina Jezabel desató un torrente de temor.

EL MENSAJE MÁS FUERTE SIEMPRE GANA

El mensaje que se repita con más frecuencia y volumen en tu mente determinará tu respuesta instintiva a la vida. Mientras más tiempo pasemos solos con nuestros pensamientos negativos o distorsionados, más reales se vuelven y más se arraigan en nuestro pensamiento. Una persona que pasa demasiado tiempo aislada de interacciones sanas a menudo se convence de sus propias mentiras y pensamientos distorsionados.

No obstante, hay esperanza.

REINICIA TU MENTALIDAD

Aunque Jake había intentado huir de Chicago, terminó de vuelta en el punto de partida y se vio forzado a reexaminar su propia travesía. Él tuvo que luchar con la misma pregunta que Elías: "¿Qué hago aquí?".

Jake decidió que era momento de dejar de huir. Era momento de escuchar la voz de Dios antes que la de la culpa. Estaba comprometido a hacer todo a su alcance por reiniciar su mentalidad.

Jake comenzó el doloroso proceso de repasar el trayecto que lo había llevado hasta su cueva. Recapacitó sobre las heridas profundas y los problemas de los que había estado huyendo. Un día, mientras caminaba y oraba en el parque, abrió su puño y soltó a las personas que lo habían lastimado tanto. Con la mano abierta delante de Dios, se comprometió a no aferrarse ya más al dolor. Comenzó a llevar consigo tarjetas con versículos, pasajes que le hablaban de las promesas de Dios y de su propia identidad en Cristo. Siempre que escuchaba la voz de la culpa y de la condenación, rápidamente sacaba una tarjeta y comenzaba a leerla hasta que se ahogaba la voz de la negatividad. Durante meses, llevó consigo estas tarjetas en sus bolsillos y las pegó en su espejo y en el tablero de su auto. Al principio, las revisaba docenas de veces al día. Los progresos fueron muy lentos. Sin embargo, con el tiempo, comenzó a desarrollar una respuesta automática a estos pensamientos distorsionados. Cada vez que surgían, la verdad y la gracia en las que meditaba hacían efecto. Jake es el primero en confesar que este proceso le tomó tiempo y que la batalla fue intensa, pero, con el tiempo, logró reiniciar su mentalidad. Ahora, Jake ha caminado durante años como un líder lleno de fe y ya no huye de los desafíos ni de las oportunidades. Subir el volumen de la voz de Dios y bajar el de su propio guion equivocado marcó el comienzo de una nueva etapa para él.

¿Te has preguntado con honestidad cómo terminaste atrapado en tu cueva? Tu camino para salir de ella comienza con enfrentar la mentalidad que te llevó allí en primer lugar. Ahora es el momento de responder la pregunta que Dios te está susurrando: "¿Qué haces aquí?".

CAPÍTULO 6

SUBE EL VOLUMEN DE LA VOZ DE DIOS

Jeffrey Katzenberg, el famoso productor de cine, preguntó: "¿Cómo suena la voz de Dios?". Yo me encontraba en Hollywood, en la sede de producción de DreamWorks. Se nos había invitado a otros veinte pastores evangélicos y a mí al preestreno de la película *El príncipe de Egipto* y a ofrecer retroalimentación. Yo era el pastor más joven allí y me sentía fuera de lugar en la compañía de tantos líderes reconocidos del país. A mí me habían invitado como representante de la "nueva generación".

El proyecto era impresionante. La película relataba la historia de la vida de Moisés y de su travesía que lo llevó a pasar de esclavo a libertador de Israel. Se requirieron un millón de dibujos para componer esta película animada de ochenta y ocho minutos. La película logró recaudar un total de doscientos dieciocho millones de dólares en cines alrededor del mundo. Tras bambalinas, doscientos teólogos y profesionales religiosos asistieron a Hollywood para ofrecer su opinión sobre Moisés y sobre la historia que se estaba relatando.

Desde su asiento en la sala de conferencias de DreamWorks, Katzenberg describió la tarea más difícil del equipo en esta película épica. "Tuvimos problemas para determinar cómo grabar la voz de Dios en la escena de la zarza ardiente —explicó—. Consideramos una voz como de trueno y una grave de barítono, al estilo 'James Earl Jones', pero al final, ninguna de estas parecía tener sentido". Se detuvo por un momento. "Luego, se nos ocurrió una idea. Tomamos la voz de cien personas diferentes, hombres, mujeres y niños, y las grabamos en una sola pista".

Todos los actores principales de la película grabaron juntos las líneas que le correspondían a Dios. Lon Bender, el editor de sonido, indicó a los actores que debían susurrar las líneas, para que ninguno sobresaliera. Luego, él y su equipo tomaron la voz de Val Kilmer, que interpretó la voz de Moisés, y la hicieron más fuerte que todas las demás. Como resultado, Kilmer fue el actor tanto de la voz de Moisés como de la de Dios. Esto tenía la intención de sugerir que, a menudo, escuchamos a Dios hablar con nuestra propia voz.

El concepto de que la voz de Dios se compone de cientos de voces diferentes de hecho tiene algo de profético. No porque Dios tenga cientos de voces diferentes, sino porque Él ha hablado a su pueblo de cientos de maneras diferentes, a través de muchos medios y personas.

¿PUEDES ESCUCHARLO HABLAR?

Supongo que, además de estos productores de cine en Hollywood, muchas personas, desde profundos pensadores de temas espirituales con barbas grises y ceños fruncidos hasta niñitos de rostro redondo en la escuela dominical, se han hecho la misma pregunta a lo largo de la historia: "¿Cómo suena la voz de Dios?".

Por supuesto que, de este lado del cielo, nunca sabremos precisamente a qué suena la voz de Dios, pero las Escrituras sí nos dicen claramente que Dios nos habla. Él ha hablado por medio de los profetas, por medio de su Palabra y de forma perfecta en su Hijo, Jesucristo (Hebreos 1:1-2). Así pues, la pregunta no es si Dios nos habla o no; la pregunta es si lo oímos cuando habla o no. Si queremos alguna vez salir de nuestra cueva, debemos aprender a reconocer la voz de Dios cuando Él nos habla.

No podremos oír la voz de Dios con claridad ni experimentar su presencia en lo personal hasta que no salgamos del aislamiento de nuestra cueva. La primera pregunta que Dios le hizo a Elías fue: "¿Qué haces aquí?". Sin embargo, lo primero que Dios le dijo que hiciera fue: "Sal". Dios llamó a Elías a salir de las profundidades de la cueva a un lugar en el que pudiera experimentar toda la fuerza de su presencia: "Sal fuera, y ponte en el monte delante de Jehová. Y he aquí Jehová que pasaba" (1 Reyes 19:11).

A veces, necesitamos reposicionarnos para oír con claridad la voz de Dios. El otro día, estaba conversando por teléfono con mi esposa, Dee, cuando su voz comenzó a entrecortarse. Tuve que salir del edificio para tener mejor señal. Si me hubiera quedado dentro del edificio, la voz de mi esposa habría seguido entrecortada. Tuve que reposicionarme para poder escucharla de nuevo con claridad. Dios estaba llamando a Elías a reposicionarse.

Dios le instruyó salir de la cueva para prepararse para ver la presencia del Señor y posicionarse para un encuentro con Él. La cueva representa un lugar oscuro en el que los pensamientos de temor dominan y el aislamiento gobierna. Avanzar hacia la entrada de la cueva nos muestra la disposición de Elías para encontrarse con Dios. Santiago 4:8 nos dice: "Acercaos a Dios, y él se acercará a vosotros. Pecadores, limpiad las manos; y vosotros los de doble ánimo, purificad vuestros corazones". Las Escrituras nos invitan a acercarnos a Dios y nos garantiza que, cuando lo hagamos, Él se encontrará con nosotros allí. Dios invitó a Elías a encontrarse fuera de la cueva con su presencia. Él lo llamó a un nuevo encuentro con la Presencia que podía transformarlo.

Elías respondió con silencio. Él no movió ni un músculo. Cuando consideramos su falta de respuesta, tal vez podríamos pensar que Elías no escuchó a Dios. Sin embargo, no fue así. Elías escuchó la voz de Dios, pero fue lento para actuar en obediencia. Sospecho que Elías tardó porque había otras voces en su mente que competían con la voz de Dios y seguía sin decidir a qué voz hacer caso.

LA LLAMADA DE ATENCIÓN

De manera que Dios decidió hacer ruido. Si Elías no respondía al llamado de Dios, Él estaba dispuesto a armar un escándalo. "Y un grande y poderoso viento que rompía los montes, y quebraba las peñas delante de Jehová; pero Jehová no estaba en el viento. Y tras el viento un terremoto; pero Jehová no estaba en el terremoto. Y tras el terremoto un fuego; pero Jehová no estaba en el fuego" (1 Reyes 19:11-12).

Cuando Elías se negó a moverse, Dios envió el equivalente de un tornado por la entrada de la cueva. Sin duda, Elías podía oír el rugir del viento y el romper de las rocas contra la superficie del monte. Tan pronto como cedió el viento, la tierra comenzó a temblar. Elías podía oír el sonido de las rocas caer y de la tierra gemir a medida que el terremoto sacudía el monte. Cuando Dios se mueve, es imposible persistir en ignorarlo.

¿Puedes imaginar cómo se siente estar en una cueva en medio de un terremoto?

Debajo de los riscos arenosos del parque nacional Mammoth

Cave yace el sistema de cuevas más extenso de la Tierra, con más de seiscientos cincuenta kilómetros (400 millas) de pasadizos que ya se han explorado y cartografiado. Estas cuevas se encuentran a unos doscientos cuarenta kilómetros (150 millas) de la falla de Nueva Madrid, una zona sísmica importante que recorre el río Mississippi. En 1812, un terremoto de unos 8,7 grados en la escala Richter sacudió la zona. En ese momento, algunos mineros se encontraban trabajando en las cuevas. Uno de los mineros que presenció el terremoto desde la cueva dijo: "Unos cinco minutos antes de la sacudida, se escuchó un sonido atronador que venía de la cueva, como una tremenda ráfaga de viento; cuando este se detuvo, las rocas se partieron y pareció que había llegado el momento de la destrucción final".[1]

A VECES, necesitamos reposicionarnos para oír con claridad la voz de Dios.

Imagino que Elías experimentó estos mismos efectos. Probablemente, apenas sintió la tierra sacudirse, salió corriendo hacia la entrada de la puerta. Su letargo rápidamente se convirtió en una descarga de adrenalina y su corazón dio vuelcos a medida que el polvo llenaba la cueva. Dios había captado su atención. Elías ya no podía seguir ignorando el sonido de su voz. Cuando se detuvo el terremoto, con Elías a plena vista en la entrada de la cueva, Dios envió fuego. Este pasaje sugiere que no fue un lento incendio forestal, sino más bien una llamarada repentina que iluminó el cielo y que lanzó una ola de calor hasta la entrada de la cueva.

1 www.ohranger.com/mammoth-cave/earthquakes.

¿Por qué el viento, el terremoto y el fuego? ¿Por qué este drama divino? El espectacular despliegue de poder y de pirotecnia sobrenatural tenía el objetivo de sacar a Elías de las entrañas de la cueva y de llevarlo hasta la entrada. Esta fue la forma que Dios usó para reposicionar a Elías para un encuentro con su presencia manifiesta.

A menudo, cuando nos negamos a responder a su voz, Dios utiliza otros medios para hacernos avanzar. Jonás se negó a ir a Nínive, por lo que Dios envió una tormenta y un gran pez que lo tragara. Los habitantes de la tierra se negaron a escuchar en los días de Noé, por lo que Dios envió un diluvio. Faraón se negó a obedecer, por lo que Dios envió diez plagas. La humanidad se negó a creer, por lo que Dios envió a su Hijo.

A veces, en la oscuridad de nuestra cueva, necesitamos la llamada de atención del dramático sonido de la voz de Dios antes de posicionarnos para su presencia. Las Escrituras resaltan que la presencia de Dios no estaba en el terremoto, en el torbellino ni en el fuego: "y un grande y poderoso viento que rompía los montes, y quebraba las peñas delante de Jehová; pero *Jehová no estaba* en el viento. Y tras el viento un terremoto; pero *Jehová no estaba* en el terremoto. Y tras el terremoto un fuego; pero *Jehová no estaba* en el fuego" (1 Reyes 19:11-12).

CUANDO SILENCIAMOS LA VOZ DE DIOS CON RUIDO BLANCO

Charles Haddon Spurgeon, el famoso predicador del siglo XIX, lo describió de esta manera:

> Entonces, el trueno cesó, el relámpago se apagó, la tierra dejó de moverse, el viento se apaciguó; se pro-

> dujo una calma total y, de en medio de aquella atmósfera inmóvil, salió lo que el hebreo llama "una voz de silencio apacible", como si el silencio se hubiera vuelto audible. No hay nada más terrible que un silencio sepulcral después de un escándalo temible.[2]

A veces, son las interrupciones extraordinarias y las llamadas de atención dramáticas las que nos hacen despertar. He escuchado muchas historias de personas que se han despertado a la voz de Dios después de algún desconcierto dramático en su vida. Un accidente de auto casi fatal. Un divorcio difícil y doloroso. Un diagnóstico de cáncer. El colapso de una empresa. Las fuertes y llamativas sirenas no son un fin en sí mismas, sino solamente una advertencia de lo que viene. Las luces y las sirenas de las patrullas de la policía y de los vehículos de seguridad dan paso a la escolta presidencial, pero la primera familia no se encuentra en la patrulla. No confundas el anuncio con la presencia.

Para entender por qué Elías perdió contacto con el sonido de la voz de Dios, tendrás que repasar la historia. Todo iba bien hasta que el ruido encontró una oportunidad, una puerta abierta para entrar en su cabeza; entones, todo se vino abajo. En los capítulos previos a 1 Reyes 19, se nos presenta a Elías como un ejemplo de determinación y de valentía. Cuando la oposición contra él es externa, es un hombre de hierro espiritual e inamovible. Sin embargo, tan pronto el ruido entra en su cabeza, se desintegra y se vuelve un caso perdido.

Durante mis primeros años como padre, decidí que intentaría cenar con mi familia todas las noches. Con mis hijos en la

2 Charles Spurgeon, "The Still Small Voice", mensaje del 9 de julio de 1882, http://www.ccel.org/ccel/spurgeon/sermons28.xxxii.html.

adolescencia, no siempre ha sido fácil juntar a la familia y hacer que todos lleguen a tiempo a la mesa, pero hemos seguido decididos a hacerlo. Ahora, entiendo por qué, en las viejas películas de vaqueros, el cocinero hacía sonar una campana para anunciar que la comida estaba lista. Muchas noches, he llamado a mi hijo, que ahora tiene catorce años, desde debajo de las escaleras para anunciarle que era hora de cenar, solo para escuchar silencio en respuesta. En una ocasión, me acerqué a las escaleras y le grité: "Grant, la cena está lista".

Esperé, pero no escuché una respuesta. Con voz más fuerte, repetí: "Grant, ¿me escuchaste? La cena está lista". Siguió sin haber respuesta.

Incrementé el volumen aún más y volví a gritar: "¡Grant! ¿Me escuchas? La cena está lista". Nada. Luego, comencé a dar golpes en la pared que quedaba más cerca de su habitación y dije fuertemente: "¿Me escuchas?". No fue un terremoto, pero tuvo el mismo efecto.

Esta vez, desde el interior de su habitación, escuché a mi hijo preguntar: "Papá, ¿dijiste algo?".

Un poco irritado, le respondí: "Sí, esta es la cuarta vez que te llamo. ¿Por qué no me respondes?".

"Ah, es que tenía puestos los audífonos. No podía escucharte".

Ahí lo tienes. El ruido que había en sus oídos era más fuerte que el volumen de mi voz, de manera que, aunque yo lo llamaba con buenas noticias (que era hora de la cena), él no podía escucharme. Cuando las voces en nuestra cabeza son más fuertes que la voz de Dios, tenemos un problema.

En el Nuevo Testamento, Pablo nos recuerda el desafío de mantener nuestra mente libre de ruido. Él nos insta: "renovaos en el espíritu de vuestra mente, y vestíos del nuevo hombre, creado según Dios en la justicia y santidad de la verdad". Al hacer esto, es importante no dar "lugar al diablo" (Efesios 4:23-24, 27).

El temor y la ira son dos oportunidades que el enemigo utiliza para meter ruido en nuestra cabeza. La ira y el temor son primos emocionales irracionales que invalidan nuestro pensamiento lógico y que, si les damos la oportunidad, subvertirán también nuestra fe. Durante tres años, Elías se enfrentó con firmeza a un rey egomaníaco decidido a quitarle la vida. Sin embargo, después de su experiencia en la cima del monte en la que desafió él solo al sistema religioso de toda la nación, el temor y la ansiedad se introdujeron sigilosamente en su mente.

LA IRA Y EL TEMOR son primos emocionales irracionales que invalidan nuestro pensamiento lógico y que, si les damos la oportunidad, subvertirán también nuestra fe.

Puede ser que esto haya sucedido porque Elías pensó que todo se acabaría después del enfrentamiento en el monte Carmelo. No se cumplieron sus expectativas. Después de tres años, estaba cansado de esconderse, agotado por las presiones y esperaba que sus enemigos se rindieran ante Dios. En cambio, Jezabel, la reina malvada, se alteró. Su amenaza de muerte fue el punto gatillo que lanzó a Elías al abismo de la desesperación.

En su libro *Límites para líderes*, el psicólogo y escritor Henry Cloud describe esta tendencia. Él enfatiza la realidad de que los líderes necesitan ponerle límites a su tendencia de permitir que un solo incidente o conjunto de resultados los defina. A veces, un solo incidente puede desencadenar un efecto dominó. Personalizamos este incidente, lo generalizamos y creemos que será permanente. Cloud describe la conversación que tenemos con nosotros mismos cuando el temor comienza a controlarnos con estos términos: "Pensamiento personalizado: 'No soy lo suficientemente bueno para que esto tenga éxito. Va a ser algo terrible. No les voy a caer bien'. Pensamiento generalizado: 'Todo va mal. Nada de lo que hacemos sale bien, y esto tampoco va a funcionar'. Pensamiento permanente: 'Las cosas van a ser iguales mañana. Todo va a ser siempre como es hoy'".[3]

Quizás, has permitido que un evento gatillo en tu vida te abrume. Tal vez, has permitido que un incidente o situación abra una puerta que ya no puedes cerrar. Esta puerta se abre ante cualquier detonante negativo. Cuando no obtienes el aumento en el trabajo, el temor abre la puerta. Cuando tu novio te dice que la relación no va a funcionar, la ansiedad sube de volumen. Cuando tu hijo regresa a casa con malas calificaciones, el volumen de la preocupación se dispara. Los mensajes que encuentran la oportunidad para entrar en tu cabeza y repetirse a gran volumen determinarán tu pensamiento futuro.

EL SONIDO DE DIOS

En el tercer capítulo de la Biblia, encontramos el primer registro de personas de responden al sonido cautivador de Dios, antes de escuchar siquiera su voz. Dios estaba buscando a Adán y a Eva en el huerto.

> Y oyeron al SEÑOR Dios que se paseaba en el huerto al fresco del día. Entonces el hombre y su mujer se

3 Henry Cloud, *Límites para líderes: Resultados, relaciones y estar ridículamente a cargo* (Nashville, TN: Harper Enfoque, 2014), capítulo 7.

> escondieron de la presencia del SEÑOR Dios entre los árboles del huerto (Génesis 3:8, NBLA).

Observa que este versículo dice que "oyeron al SEÑOR Dios que se paseaba en el huerto". El texto hebreo dice literalmente que oyeron el *sonido* de Dios, no la "voz" de Dios, como lo traducen algunas versiones. No estoy seguro de qué sonido hace Dios cuando camina. Pero sí sé que puede ser tan fuerte o callado como quiera serlo. Evidentemente, Dios se dejó oír aquel día mientras caminaba por el huerto. Él sabía que Adán y Eva se escondían y les dio la oportunidad para responder a su llegada. Él prácticamente va zapateando por el huerto para anunciar su presencia antes de hablar.

Sin embargo, después, el Señor Dios llamó al hombre: "¿Dónde estás?".

El hombre le respondió: "Te oí en el huerto, tuve miedo porque estaba desnudo, y me escondí" (Génesis 3:9-10, NBLA).

En lugar salir de su escondite con los brazos abiertos y confesar su falla, la primera pareja se escondió de la presencia de Dios, motivados por la culpa, el temor y la vergüenza.

Cuando mi hija cumplió doce años, mi esposa y yo nos sentimos tranquilos con dejar a nuestros tres hijos solos durante la tarde sin nadie que los cuidara. Por supuesto que, ocasionalmente, recibíamos una llamada en el celular que nos solicitaba nuestra mediación en algún conflicto. Una noche, mientras estábamos de cita en un restaurante, recibimos una llamada. Mi hija estaba molesta con uno de sus hermanos y me dijo: "Papá, mi hermano no me escucha. Ya le dije tres veces que apague la televisión y que se aliste para dormir, pero él solo se ríe y me dice: 'Tú no me mandas'".

Pude alcanzar a escuchar a su hermanito que decía desde lejos: "Exagerada. Le diré a papá lo que hiciste...".

Como me encontraba en medio de una tranquila cena con mi esposa, les dije que arreglaría la situación cuando llegara a casa. Más tarde, cuando regresamos, noté que todas las luces seguían encendidas. Cuando entré por la puerta, estaba un poco irritado de que hubieran interrumpido nuestra cena, por lo que hice más ruido que de costumbre. Quería asegurarme de que supieran que papá había llegado. Abrí la puerta y anuncié: "Ya estoy en casa".

Mi hijo pequeño, el supuesto culpable, no salió a recibirme, pero, por supuesto, mi hija estaba ya en la puerta y, de inmediato, comenzó a explicar su caso. Me dio una descripción detallada de lo que había sucedido y de cuán desobediente había sido su hermanito y de lo inocente que ella misma era. Tuve que ir a buscar al pequeño infractor que fingía estar dormido en su habitación con las luces apagadas. Cuando entré a la habitación, yo supe que él había escuchado "el sonido de papá". Su actuación de "niño inocente dormido", digna de un Óscar, no fue suficiente para engañarme. Papá estaba en casa y él lo sabía.

De forma similar, Dios anuncia su presencia en momentos clave de nuestra vida. No solo cuando es el momento de la disciplina, sino también cuando quiere que lo oigamos con claridad. Él zapatea, se aclara la garganta y nos deja saber que está en casa. Su *sonido* deliberado es un preparativo para su *voz*.

Dios usó su sonido (el viento, el terremoto y el fuego) para llamar la atención de Elías antes de hablar.

PRESTA ATENCIÓN AL SUSURRO

Después del viento, del terremoto y del fuego, Elías estaba plenamente despierto y atento a lo que sucedería.

> Y tras el fuego un silbo apacible y delicado. Y cuando lo oyó Elías, cubrió su rostro con su manto, y salió, y se puso a la puerta de la cueva (1 Reyes 19:12-13).

Instintivamente, Elías supo que este era el susurro de Dios. No fue dramático ni fuerte. No hubo truenos ni relámpagos. Fue lo opuesto a los desastres sobrenaturales que acababan de suceder, pero Dios estaba allí. Ese silbo apacible y delicado fue la voz de Dios que llamaba a Elías a su presencia. La voz del Espíritu siempre nos guía hacia la presencia. Esta vez, la tierna voz de Dios movió a Elías a cubrirse la cabeza y a avanzar hacia Aquel que le hablaba.

> **LOS HIJOS DE DIOS** anhelan una conversación continua con Dios.

Recientemente, nos asociamos con una escuela pública sobrepoblada de nuestro vecindario para crear un espacio de clases para ciento sesenta y cinco niños de preescolar. Me impresionó lo bien que estos niños se portaron. La semana pasada pasé junto a veinticinco chiquillos y chiquillas de edad prescolar en Chicago. Caminaban en parejas, mientras el maestro dirigía la fila. No se oía ni una mosca en el pasillo. Este maestro veterano había inventado una técnica para convertir los caóticos pasillos en zonas de orden y de tranquilidad. Todos los niños caminaban con las dos manos entrelazadas y con los dedos índice sobre sus labios, para recordarles que, en esta zona, no debían hablar ni tocar a nada. La única voz que se escuchaba era la del maestro que, en voz baja, les daba instrucciones.

En ciertos momentos, el caos y la confusión nos abruman si no aprendemos a silenciar las voces, a poner el índice sobre nuestros labios y a escuchar únicamente el susurro santo mientras caminamos en silencio por los pasillos de la vida hacia su presencia.

Hay un librito que me tocó de manera profunda cuando era estudiante en el instituto bíblico. El hermano Lorenzo, autor de *La práctica de la presencia de Dios*, fue un monje carmelita que trabajaba en la cocina del monasterio en el que servía. Él escribió:

> No hay en el mundo una vida más dulce y deliciosa que aquella que mantiene una continua conversación con Dios: solamente pueden comprenderlo aquellos que lo practican y experimentan; sin embargo, no te estoy diciendo que lo hagas por ese motivo, porque no es el placer lo que debemos buscar en este ejercicio; sino debemos hacerlo puramente por amor, y debido a que Dios nos quiere allí.[4]

Los hijos de Dios anhelan esta presencia, esta conversación continua con Dios. Es imposible manipular un encuentro con Él. Pero sí podemos posicionarnos para un encuentro con Él. Si nos quedamos en la profundidad de nuestra cueva, con la grabación continua de nuestros temores y enojos en la mente, su presencia sencillamente nos pasará de largo. Apaga el ruido blanco y sube el volumen de la voz de Dios. Él te está llamando a reubicarte en la entrada de tu cueva, con los oídos abiertos para escuchar su voz y el rostro mirando hacia su presencia.

---

4 Lorenzo de la Resurrección, "Quinta carta" en *La práctica de la presencia de Dios en la vida cotidiana: Dichos, cartas y testimonios*, trad. Fernando García-Baró Huarte (Salamanca, España: Sígueme, 2021).

CAPÍTULO 7

REPLANTEA TU HISTORIA DE VIDA

Un día, recibí una llamada de un representante de la universidad local. Alguien me había recomendado para pronunciar una oración durante su ceremonia de graduación. Me sentí honrado de que se me pidiera participar en esta ceremonia internacional en la prestigiosa capilla Rockefeller en el campus de la Universidad de Chicago

La llamada llegó después de unos dos años de ministerio. Yo estaba comenzando a tener problemas para plantear el "guion gráfico" de mi vida. En la industria del cine, el guion gráfico es una secuencia de dibujos que expresan la secuencia narrativa de una película. Antes de la producción, el guion gráfico le da al director una imagen visual de la dirección que tomará la historia. En aquel momento, yo estaba teniendo problemas para encontrarle sentido a mi propio guion gráfico. Mientras que mis amigos del instituto estaban yéndose de Chicago para viajar a ministerios emocionantes en lugares exóticos, yo me había quedado en la ciudad. La iglesia estaba creciendo y había transformación en las personas, pero seguíamos siendo una iglesia pequeña con muchos desafíos. Yo comencé mi ministerio en un barrio que la mayoría buscaba dejar. La gente a la que alcanzábamos en aquella época eran sobre todo drogadictos, delincuentes y marginados. Yo seguía con problemas en la cuestión financiera y mi joven esposa tenía que trabajar a tiempo completo para mantenernos a flote. Hacía mis compras en tiendas de segunda mano, arreglaba mi auto en negocios informales, recogía muebles abandonados para mi hogar, no tenía seguro y, constantemente, tenía altercados con pandilleros del vecindario. Durante los primeros tres meses de matrimonio, mi esposa y yo dormimos en el piso porque no teníamos dinero para comprar una cama. Nunca la escuché quejarse, ni una sola vez, pero las presiones económicas y el estrés del ministerio en la ciudad eran intensos. Durante mis años en el instituto bíblico, yo estaba convencido de que regresaría a Europa después de mi graduación. No obstante, a través de una serie de circunstancias que solo puedo describir como la mano de Dios, terminé como pastor de una pequeñísima iglesia en Chicago. Yo accedí a servir a esta congregación durante tres años hasta que pudieran encontrar un pastor permanente.

Cuando llegué a la capilla Rockefeller, alcé la vista hacia aquella magnífica estructura, el edificio más alto de la Universidad de Chicago. La fachada estaba decorada con más de cien esculturas de piedra que representaban la filosofía y las humanidades, la religión y la vida universitaria. El coordinador del evento me recibió con amabilidad y pronto me comunicó lo importante que era este acto. Me recordó que había gente que venía del otro lado del mundo para asistir a la ceremonia. Me mostró entonces una lista impresionante de invitados distinguidos que participarían en el evento. Pasamos tras bambalinas, donde conocí al presidente y otros profesores de la universidad. Me pusieron una larga túnica negra y, rápidamente, nos abrimos paso por el pasillo lateral hasta la plataforma. En el camino, el coordinador me recordó que este era un evento no sectario y que estarían presentes personas de muchos trasfondos religiosos. Me dijo que yo tenía la reputación de ser un joven pastor inteligente, de manera que de seguro entendería que me solicitaran no incluir comentarios sectarios. Cuando le pregunté exactamente a qué se refería, me dijo que mi oración tendría que ser genérica para no ofender a ninguno de los asistentes. Referirme a Jesucristo podría incomodar a algunos, por lo que me sería mejor usar palabras como "Dios" o "Ser Supremo", más apropiadas en este contexto. Antes de poder yo responder, nos pasaron al escenario.

ME DIJO QUE MI oración tendría que ser genérica para no ofender a ninguno de los asistentes.

Me senté en el escenario delante de aquella muchedumbre internacional. Podía ver que había muchas etnias representadas. Consideré la elegancia señorial de aquella histórica capilla y pensé: *¡Qué contraste con la pequeña iglesia en la que predico los domingos!* Esta capilla estaba repleta de la élite de la sociedad. Yo me pasaba los días trabajado con criminales y adictos.

Regresé a la realidad cuando escuché al maestro de ceremonia anunciar: "Ahora, recibamos al reverendo Jobe, que nos dirigirá en una invocación para comenzar la ceremonia de hoy".

Me paré frente al podio, me aclaré la garganta, miré a la multitud y pronuncié una oración genérica, insípida y no sectaria. El coordinador del evento asintió en tono aprobatorio y yo regresé a mi asiento. En cuanto me senté, me inundó una oleada de convicción. Las palabras de Pablo me pasaron por la mente: "Porque no me avergüenzo del evangelio, porque es poder de Dios para salvación a todo aquel que cree; al judío primeramente, y también al griego" (Romanos 1:16).

Había comenzado a vivir un guion gráfico en el que me percibía como un pobre pastor urbano relegado que se pasaría sus años batallando en el olvido. Este guion me movía a buscar aceptación, aunque tuviera que transigir en mis valores fundamentales.

Aquel día, sentado en la plataforma de la prestigiosa capilla Rockefeller, me arrepentí delante de Dios. No tengo ni idea de lo que se dijo en la ceremonia aquella mañana. Lo que me preocupaba era una intensa conversación interna. Luego, escuché una voz decir: "Ahora, el reverendo Jobe cerrará esta ceremonia con una bendición final".

Me puse de pie prácticamente de un salto. Al acercarme al podio, pude ver una escena diferente. En lugar de un pobre pastor insignificante y olvidado, estancado en la vida, vi a un valiente siervo de Dios que no cedía a la presión de negar el nombre de Jesús. Me paré allí con nueva valentía y confianza. Dije: "Sé que este es un evento no sectario. No es mi intención ofender a nadie, pero oraré en el único nombre que conozco, el nombre de Jesús". Esta vez, oré con autoridad y certidumbre en el nombre de Jesucristo. Cuando terminé de orar, no esperé a ver si el coordinador asentía con la cabeza. Rápidamente, caminé por el pasillo, con la túnica volando detrás de mí.

A medio pasillo, una joven me interceptó. "Reverendo Jobe", me dijo.

"¿Sí?". Yo me preparé para un ataque verbal.

"Gracias —dijo—. He estado en muchas ceremonias de graduación y jamás había visto a un pastor que tuviera la valentía para orar en el nombre de Jesús. Gracias por eso".

Aquel día, aprendí una importante lección. Me di cuenta de que ese guion gráfico mental distorsionado fácilmente afecta la forma en la que me percibo a mí mismo y mi manera de comportarme bajo presión. Ese día, decidí delante de Dios nunca permitir que la presión de la sociedad silenciara el poder de su nombre en mis labios.

¿QUÉ VES EN TU GUION GRÁFICO?

Nuestra percepción de la realidad afecta nuestra manera de vivir y de actuar. A menudo, la imagen mental que define nuestra realidad no se corresponde con la imagen que Dios tiene. Únicamente cuando descubrimos el guion gráfico que define nuestra vida y lo alineamos con el de Dios, podemos comenzar a vivir en sintonía con la misión de Dios.

Elías se había hecho una imagen mental de sí mismo y de su historia de vida. En ese guion gráfico, todos los habitantes de Israel le habían vuelto la espalda a Dios y él mismo era el único creyente fiel que se mantenía firme en solitario. Estaba convencido de que todo el mundo estaba en contra suya.

Lidiar con estos pensamientos distorsionados no es solo asunto de reiniciar nuestra mentalidad, como lo vimos en el capítulo anterior. También debemos replantear nuestro guion gráfico personal desde la perspectiva de Dios. Esto significa que debemos borrar y redibujar conforme a sus instrucciones.

Observa la forma magistral en la que Dios plantea una imagen totalmente diferente a la que Elías presentó:

> Y le dijo Jehová: Ve, vuélvete por tu camino, por el desierto de Damasco; y llegarás, y ungirás a Hazael por rey de Siria. A Jehú hijo de Nimsi ungirás por rey sobre Israel; y a Eliseo hijo de Safat, de Abel-mehola, ungirás para que sea profeta en tu lugar. Y el que escapare de la espada de Hazael, Jehú lo matará; y el que escapare de la espada de Jehú, Eliseo lo matará. Y yo haré que queden en Israel siete mil, cuyas rodillas no se doblaron ante Baal, y cuyas bocas no lo besaron (1 Reyes 19:15-18).

En su respuesta a Elías, Dios tocó todos los puntos de la imagen distorsionada que Elías había presentado y, con mucho cuidado, redibujó su guion gráfico.

Elías: He hecho mi parte, pero nada funciona.
Dios: Regresa por donde viniste. Puedes enfrentar tus problemas.
Elías: He buscado a las personas. Todos están en mi contra.
Dios: Hay siete mil que no han doblado su rodilla.
Elías: Estoy completamente solo. Nadie está de mi lado.
Dios: He nombrado para ti socios y un sucesor.
Elías: Tengo un futuro oscuro. Todos buscan destruirme.
Dios: Vencerás a todos tus enemigos.

El profeta Elías no es el único que luchó con un guion gráfico distorsionado. El hombre a quien llamamos el "padre de la fe" también tuvo problemas para mantener clara y enfocada su propia imagen mental.

ACTUALIZA TU GUION GRÁFICO

Abraham es el ejemplo supremo del poder que tiene vivir por una imagen mental divina. Abraham y Sara, su esposa, no tenían hijos. Dios le había prometido que, un día, sería el padre de una gran nación. Con el pasar de los años, a Abraham le costó trabajo mantener su fe y aferrarse a la promesa que Dios le había dado. Como seguía sin hijos, ofreció cumplir esta promesa por medio de su siervo, Eliezer el damasceno. Sin embargo, Dios le respondió enfáticamente: "No te heredará este, sino un hijo tuyo será el que te heredará" (Génesis 15:4).

Para fortalecer la fe de Abraham, Dios le ofreció una nueva imagen mental. Él llevó a Abraham a presenciar una noche despejada bajo el cielo del Medio Oriente y lo invitó a mirar las estrellas: "Mira ahora los cielos, y cuenta las estrellas, si las puedes contar". Y añadió: "Así será tu descendencia" (Génesis 15:5).

Con tal de fortificar su fe, Dios le dio una nueva imagen mental, un nuevo guion gráfico. Desde aquel momento, Abraham pudo repasar la escena de un cielo lleno de estrellas para fortalecer su fe. Puedo imaginar que, en los momentos de desaliento, Abraham cerraba sus ojos y recordaba aquellos miles de estrellas y la voz de Dios que le decía: "Así será tu descendencia". Cuando veía a un padre salir a caminar con sus hijos, recordaba las estrellas. Cuando alguna madre le presentaba orgullosa a su nuevo bebito, él recordaba las estrellas. Cuando su esposa Sara lloraba hasta quedarse dormida por el anhelo de tener una familia, recordaba las estrellas. Cuando miraba su arrugado rostro centenario en el espejo, recordaba las estrellas. Cuando las dudas y el desánimo inundaban su fe, de seguro se esperaba hasta que llegara la oscuridad para salir de su tienda y levantar una vez más la vista hacia las estrellas. Al mirar estas lumbreras que llenaban el cielo, su espíritu se elevaba e imaginaba los rostros de sus hijos y de sus nietos en cada una de ellas.

Esta nueva imagen definió el guion gráfico de Abraham. Mucho de lo que hacen las Escrituras es borrar las imágenes falsas basadas en distorsiones y errores, y redibujarlas conforme a la verdad y la perspectiva de Dios.

NUEVOS ENCUENTROS

El profeta Elías llegó a esta cueva oscura motivado por una escena distorsionada que se repetía una y otra vez en su mente. No fue sino hasta que tuvo un nuevo encuentro con la presencia de Dios que pudo oír la palabra divina que dibujaba una nueva escena de su vida y destino.

En enero de 1964, mis padres, Bob y Minnie Jobe, se subieron a un avión que los llevó a una vida entera de aventuras en tierras extranjeras. Costa Rica, Chile y España fueron su hogar durante los siguientes cuarenta años. Se subieron al avión con sus dos hijos, Bob Jr. (de dos años) y yo (de seis meses). Mi hermana, Marsela, nació tres años más tarde en un hospital en la costa de Chile.

Después de un año de aprender el idioma en San José, Costa Rica, nuestra familia salió para Viña del Mar, cerca de Valparaíso, Chile. Allí, mis padres se lanzaron al rudo trabajo de plantar iglesias. Todavía puedo ver a Trompo, el caballo que papá montaba para llegar a pueblitos remotos en las cordilleras de Chile para dirigir estudios bíblicos con los habitantes de estas zonas rurales. De niño, escuché historias de conversiones, de estudios bíblicos en chozas con pisos de tierra y de enfrentamientos con furibundos brujos curanderos de aldeas mientras mi padre viajaba a caballo por estas zonas remotas.

En 1971, nuestra familia llegó a España, nuestro nuevo campo misionero. Chile había sido una buena experiencia, pero el corazón de mis padres tenía un cargo por lo que algunos llamaban la "última frontera" del mundo hispanohablante. Querían trabajar en lugares no alcanzados. Después de "reconocer la tierra", mis padres descubrieron que había dos pequeñas ciudades en España con más de cien mil habitantes y ni una sola iglesia evangélica. Así que se mudaron a un pequeño pueblito a unos cinco kilómetros (3 millas) de su objetivo, la ciudad de Burgos.

Años después, descubrí que George Verwer (el fundador de Operación Movilización) y un par de colegas suyos habían pasado por Burgos en 1970. Ellos habían sentido una gran carga al encontrar una ciudad de tal tamaño sin ninguna iglesia donde se predicara el evangelio y oraron fervientemente para que Dios levantara una obra en esa ciudad en el norte de España. Un año después, mis padres llegaron con un equipo para fundar una iglesia.

PUEDO IMAGINAR que, en los momentos de desaliento, Abraham cerraba sus ojos y recordaba aquellos miles de estrellas.

Durante los primeros cinco años, este pequeño grupo de creyentes se reunía en un viejo establo pintado con cal en las afueras de la ciudad. Nuestro "santuario" era agreste, por decir lo menos, con vigas rústicas de madera, abrevaderos de caballos y el ratón ocasional que interrumpía nuestro servicio de adoración. Los lugareños veían a los foráneos con gran sospecha. El viejo sacerdote de la ciudad nos denunció públicamente y prohibió a los niños del lugar tener contacto alguno con los *americanos*. La policía secreta interrogó a mi padre en numerosas ocasiones. La gente tenía temor de asistir a nuestras reuniones o de que se los viera hablar en público con nosotros. Un par de veces, algunos se reunieron con mi padre en secreto para hablar sobre asuntos espirituales, pero el equipo tuvo poco progreso.

Desesperados por un avance, mi padre y otros dos misioneros hicieron un voto de orar juntos sobre una colina con vistas a la ciudad hasta que Dios abriera un camino. Varios días a la semana, por las mañanas, clamaban por la ciudad de Burgos y por el pueblo de Quintanadueñas. Una mañana tras otra, se despertaban temprano y acudían al sitio para clamar por los habitantes de Burgos. Tuvieron que luchar contra la oscura imagen mental que seguía persiguiéndolos, la escena de una ciudad imposible de alcanzar. Lucharon contra la escena de misioneros que regresaban a casa desalentados y derrotados, sin frutos que mostrar por sus esfuerzos. Aquellas reuniones de oración mañaneras comenzaron con cargas pesadas y clamores desesperados por ver a Dios obrar.

A medida que continuaban clamando, sus cargadas oraciones comenzaron a dar paso a destellos de esperanza y a una fe renovada. La presencia de Dios se hizo manifiesta a ellos de nuevas maneras. Comenzaron a orar con más expectativa y anticipación. Empezaron a ver la ciudad con nuevos ojos. Oraban con fe por una ciudad que se reconociera en España por la obra de Dios. Por una ciudad en la que cientos de jóvenes llegaran a Cristo y comenzaran a vivir de forma radical para Jesús. Nada había cambiado en el ámbito físico, pero la atmósfera espiritual parecía diferente. Poco tiempo después, docenas de jóvenes hambrientos por Dios comenzaron a presentarse en aquella iglesia establo. Muchas conversiones auténticas se vieron acompañadas por testimonios radicales. Pronto, aquel establo pintado con cal estaba repleto de adolescentes hambrientos por Dios. Un par de años después, cientos de jóvenes llegaron a Cristo en un extraordinario movimiento de renovación que tuvo repercusiones en muchas partes de España. La ciudad de Burgos comenzó a darse a conocer como un lugar en el que Dios estaba obrando de forma extraordinaria.

TUVIERON QUE luchar contra la oscura imagen mental que seguía persiguiéndolos, la escena de una ciudad imposible de alcanzar.

Hace poco, visité el pueblo de mi infancia. Aquel establo pintado con cal había sido renovado y convertido en un centro cristiano de rehabilitación para drogadictos. Ahora, muchos creyentes viven en la ciudad y hay una nueva iglesia en construcción en las afueras.

Nuestro guion gráfico se ve más claro a la luz de un nuevo encuentro con Dios. Mi padre y su equipo vieron por la fe una cosecha de vidas transformadas, antes de que sucediera.

DIOSES DE BOLSILLO

Uno de los grandes retos para toda generación de seguidores de Dios es no dejar que la cultura contemporánea altere ni reduzca la imagen de Dios. En la época de Elías, el problema de Israel no era que hubieran rechazado por completo a Dios, sino más bien que lo habían añadido a su colección de dioses. Israel había sido una nación nómada y pastoril, de manera que, cuando finalmente se asentaron en la tierra y comenzaron a sembrar, descubrieron que los pueblos de la zona adoraban a dioses de la fertilidad y de las cosechas. Los nuevos agricultores israelitas adoptaron las costumbres de los agricultores de la región. Aún creían en el Dios de Abraham, de Isaac y de Jacob, pero agregaron a su menú religioso a Baal y a Astarot. Los teólogos llaman a esta práctica *sincretismo*. Lo que Israel necesitaba era ver a Dios por quien es en verdad.

Más de un siglo después, otro profeta llamado Isaías se enfrentó al mismo desafío. Isaías 6 describe una experiencia que le reveló de nuevo al profeta la imagen pura de Dios; esta experiencia puso su mundo de cabeza y lo introdujo a un nuevo llamado. Sucedió "en el año que murió el rey Uzías". Uzías fue rey de Judá y había comenzado su mandato cuando tenía tan solo dieciséis años, la edad de un chico de preparatoria. Uzías había estado bajo la tutela de Zacarías, un mentor piadoso y, durante la primera parte de su reinado, prosperó.

El cambio fue gradual: "Mas cuando ya era fuerte, su corazón se enalteció para su ruina; porque se rebeló contra Jehová su Dios, entrando en el templo de Jehová para quemar incienso en el altar del incienso" (2 Crónicas 26:16). Al ganar experiencia, la reverencia de Uzías por Dios se extinguió. El clímax trágico llegó cuando la arrogancia de Uzías lo movió a ignorar la ley de Dios y a quemar incienso en el altar. Solo los sacerdotes apartados para Dios tenían permitido realizar esta labor. Uzías lo sabía, pero se envalentonó, desafió al sumo sacerdote e ignoró sus intentos por detenerlo.

La actitud de Uzías se contagió al pueblo. Los habitantes de Judá persistieron en sus prácticas corruptas, incluyendo la adoración a los dioses de las naciones vecinas. El entorno espiritual de la época de Isaías era de decadencia moral y espiritual. El pueblo se había vuelto rebelde y había endurecido su corazón contra Dios.

Isaías vivió en una cultura que empequeñecía a Dios, muy similar a nuestra cultura actual. Habían reducido a Dios a un tamaño de bolsillo, como un amuleto para los momentos de necesidad. Los dioses de bolsillo no exigen respeto ni reverencia. Los dioses de bolsillo giran en torno a nuestras propias necesidades y se usan para nuestra conveniencia. Los dioses de bolsillo arruinan la visión y diluyen la pasión de las personas con llamamiento.

Me gusta la forma en la que Francis Chan describe esta actitud general en su libro *Loco amor*:

> El problema central no es el hecho de que seamos cristianos tibios, a medias o estancados. El meollo de todo está en por qué somos así, y se debe a que tenemos una perspectiva imprecisa de Dios. Lo consideramos un Ser benevolente que se queda satisfecho cuando las personas se las arreglan para encajarlo a Él en sus vidas de alguna pequeña manera. Olvidamos que Dios nunca tuvo una crisis de identidad; Él sabe que Él es grande y que merece estar en el centro de nuestra vida.[1]

1 Francis Chan, *Loco amor*, trad. Belmonte Traductores (EUA: Casa Creación, 2009), 22.

Un día, mientras Isaías estaba en el templo, recibió una visión nueva de Dios. En sus propias palabras dijo:

> ...vi yo al Señor sentado sobre un trono alto y sublime, y sus faldas llenaban el templo. Por encima de él había serafines; cada uno tenía seis alas; con dos cubrían sus rostros, con dos cubrían sus pies, y con dos volaban. Y el uno al otro daba voces, diciendo: Santo, santo, santo, Jehová de los ejércitos; toda la tierra está llena de su gloria. Y los quiciales de las puertas se estremecieron con la voz del que clamaba, y la casa se llenó de humo (Isaías 6:1-4).

Esto significa que Aquel que es santo lo es como ningún otro; Él no tiene rivales ni competencia. Una exposición a la presencia de Dios producirá en nosotros una nueva conciencia de quiénes somos y de lo que debemos hacer. Isaías exclamó en respuesta:

> ¡Ay de mí! que soy muerto; porque siendo hombre inmundo de labios, y habitando en medio de pueblo que tiene labios inmundos, han visto mis ojos al Rey, Jehová de los ejércitos (Isaías 6:5).

Mientras más claramente veía Isaías a Dios, más consciente era de su propia insuficiencia.

Precisamente aquel altar que Uzías profanó quince años antes por causa de su pobre perspectiva de Dios, ahora tocaba y purificaba a Isaías. Cuando el carbón encendido tocó sus labios, Dios lo declaró santo. El doloroso proceso de purificación fue necesario para que Isaías pudiera cumplir la tarea a la que Dios lo estaba llamando.

Aquel nuevo encuentro de Isaías con la poderosa presencia de Dios le dio un nuevo apremio para perseverar en su llamado. Este claro sentido de llamamiento llegó tras el encuentro con la grandeza de Dios. Isaías escuchó al Señor decir: "¿A quién enviaré, y quién irá por nosotros?". Y respondió al llamado: "Heme aquí, envíame a mí" (Isaías 6:8).

William Booth, el fogoso fundador del Ejército de Salvación, se burló de quienes no se consideraban llamados por Dios. "Que no has sido *llamado*, ¿dijiste?", exclamó. "Pienso que más bien deberías decir que no has *oído* el llamado". Y prosiguió:

> Acerca tu oído a la Biblia y escucha su llamado de salir y arrebatar a los pobres pecadores de las llamas del pecado. Acerca tu oído al corazón cargado y agonizante de la humanidad y escucha sus lamentables pedidos de ayuda. Ve y ponte de pie delante de las puertas del infierno y oye a los condenados suplicarte que vayas a la casa de su padre para rogar a sus hermanos, hermanas, siervos y amos que no vayan a ese lugar. Luego,mira a Cristo de frente, a Aquel cuya misericordia dices tener y cuyas palabras has prometido obedecer y respóndele si te unirás o no a nosotros en corazón, alma, cuerpo y circunstancias en la marcha por publicar sus misericordias a todo el mundo.[2]

2 William Booth, *The General's Letters*, 1885 (Londres: Salvation Army, 1890), 4-5.

Nuestra vida y llamamiento cobran perspectiva cuando obtenemos una visión clara de Dios y de su misión.

EN LA PLAYA

Mi primer semestre en el instituto bíblico fue difícil. No tenía muy claro qué quería hacer con mi vida y con mi futuro. Yo tenía un trabajo de medio tiempo con un médico que era dueño de una revista de navegación y que vivía en una zona exclusiva en el centro de Chicago. Después de muchas conversaciones con mi jefe, comencé a dudar si debía regresar el siguiente semestre al instituto bíblico. No tenía ni idea de qué hacer después de mis estudios y comencé a pensar que debía tener un "título real" para sobrevivir en el "mundo real". El médico, que no era cristiano, me cuestionaba por qué malgastar una mente tan brillante en estudiar Biblia y teología. Su razonamiento era el siguiente: "Puedes seguir con tu fe, pero necesitarás una carrera para ganarte la vida". Cuando terminé el semestre, me contrataron para un trabajo de verano en un hotel en una ciudad costera en el sur de Francia.

Alguien me había regalado una copia del libro de A. W. Tozer, *The Knowledge of the Holy* [El conocimiento del Dios santo]. Después de trabajar, corría hasta la orilla del mar, nadaba un rato y leía el libro. Este no era el lugar ideal para leer un libro así porque las playas en el sur de Francia no son famosas por su pudor. Sin embargo, aquel verano, me di cuenta de que el camino para entender mi propósito comenzaba con entender a mi Creador. Tozer lo explica de esta manera:

> Lo más importante que tenemos es lo que viene a nuestra mente cuando pensamos en Dios. Probablemente,

> la historia de la humanidad demuestra que no hay pueblo que se haya elevado por encima de su religión y la historia espiritual de la humanidad demuestra claramente que ninguna religión ha sido superior que su concepto de Dios. La adoración resulta pura o vulgar en la medida en la que los pensamientos del adorador respecto a Dios sean sublimes o triviales.[3]

Yo necesitaba ver mi guion gráfico con claridad a la luz de un nuevo encuentro divino. Mis patrones de pensamiento, distorsionados por mis propias inseguridades e influenciados por un médico materialista, necesitaban una exposición al conocimiento de Dios. Ese verano marcó un punto de inflexión en mi vida. Me vi forzado a responder la pregunta: "¿Qué haces aquí, Mark?". Durante la mayor parte del verano, me esforcé por responder esa pregunta. Al final, tuve que aceptar que había permitido que las dudas reemplazaran mi confianza en Dios.

YO NECESITABA VER mi guion gráfico con claridad a la luz de un nuevo encuentro divino.

En el capítulo 1, hablé de una mujer que entró a mi oficina y me dijo: "Estoy atascada. Me siento lastimada, maltrecha e inservible como esposa". Su matrimonio no había ido tan bien como se había imaginado. Había perdido la confianza en su marido. Su futuro, que alguna vez le pareció brillante, ahora le parecía oscuro y borroso. Me repetía: "No puedo sacarme de la mente esta imagen. No me siento la novia radiante y llena de esperanza que fui el año pasado".

3 A. W. Tozer, *The Knowledge of the Holy* (North Charleston, SC: Independent Publishing Platform, 2013), 8.

Ella aceptaba estar luchando con la depresión y sentir poca esperanza para el futuro.

Al escuchar a esta joven esposa con su marido sentado junto a ella, recordé el poder de las imágenes. Me dirigí hacia la pared de mi oficina y le dije: "Imagina que esta es la imagen de la esposa lastimada, maltrecha e inservible que acabas de mencionar". Levanté la mano y apliqué un borrador invisible a la imagen con unas pocas pasadas. Le dije: "Redibujemos esta imagen desde la perspectiva de Dios. Tu marido te ha lastimado y decepcionado, pero no lo has abandonado aún. Eso no es debilidad; es fuerza. Estás intentando perdonarlo y confiar en él de nuevo. Eso no es debilidad; es fuerza". Le pedí que echara un nuevo vistazo a la pared y que me ayudara a dibujar una nueva imagen. Ahora le pedí que dibujara a una esposa guerrera, valiente y audaz, que luchaba por el destino de su matrimonio y de su familia; una mujer virtuosa con una perspectiva radiante del futuro, que luchaba por el destino que Dios tenía para ella.

Durante las siguientes semanas, ella acudió una y otra vez a esa imagen para recordar su propia identidad. Poco tiempo después, su semblante había cambiado. Su confianza y vitalidad estaban de vuelta. Había comenzado a vivir esta nueva imagen.

Mientras más tiempo vivas con el guion gráfico equivocado, más trabajo te costará borrarlo. Por eso, los hombres y las mujeres que han sufrido abusos durante la infancia tienen tantos problemas para borrar las imágenes distorsionadas que tienen respecto a sí mismos y a su mundo. Han vivido tanto tiempo con una imagen basada en mentiras que su identidad y su cosmovisión se han torcido. He tenido incontables conversaciones con mujeres que tienen problemas para entender el amor de su

Padre celestial por culpa de la relación disfuncional que tuvieron con un padre terrenal abusador.

Las Escrituras nos dicen que la clave para la transformación es la renovación de nuestra mente: “Y no se adapten a este mundo, sino transfórmense mediante la renovación de su mente, para que verifiquen cuál es la voluntad de Dios: lo que es bueno y aceptable y perfecto” (Romanos 12:2, NBLA). Nuestro guion gráfico siempre estará equivocado hasta que podamos ver adecuadamente a Dios en la perspectiva global de nuestra vida.

¿Con qué guion gráfico estás viviendo ahora? ¿Con una imagen mental que contradice la imagen que Dios ha dibujado de ti? Tómate un momento para borrar en tu mente esta imagen que define ahora tu vida. A continuación, permite que Dios dibuje en ti una nueva imagen mental. Permite que el Artesano experto talle su imagen para ti y para tu vida. ¿Puedes ver cómo comienza a surgir? Es una ilustración cuidadosa y meticulosa que Él ha pensado para ti. El Dios soberano del universo está tallando en tu Espíritu su retrato divino. Tienes un propósito y un destino determinados por Él. Prepárate para vivir conforme a este nuevo guion gráfico.

CAPÍTULO 8

RESUELVE TUS ASUNTOS PENDIENTES

"Llevo estancado varios años —me confesó Tomás con la voz entrecortada—. No sé cómo avanzar. Siento que estoy arrastrando los pies por un desierto seco y gigantesco que no tiene fin". Cuando Tomás se convirtió, sentía un gran celo y un hambre por Dios. Creció rápidamente y, unos pocos años después, dirigía el grupo de jóvenes, predicaba ocasionalmente los domingos por la mañana y se había convertido en un líder importante en la iglesia. Sin embargo, hoy, su rostro se notaba triste. Luego, algo sucedió.

Tomás me describió cómo, en un momento de debilidad, una prostituta lo buscó y tuvieron un encuentro sexual. Con lágrimas en las mejillas, me dijo: "Eso fue hace siete años. Ya se lo he confesado a Dios y le he rogado su perdón, pero siento que cometí el pecado imperdonable, porque sigo sintiéndome estancado. ¿Por qué no puedo avanzar?".

Yo lo interrumpí. "Tomás, creo que sabes lo que necesitas hacer, pero estás evitando dar el último paso".

Tomás me miró a los ojos y me dijo: "No, no. Ya sé adónde

vas con esto. Jamás podría confesárselo a mi esposa. La destrozaría". Hizo una pausa para recobrar la compostura. "Ella no se merece esto. No podría hacerla pasar por este dolor".

"Tienes razón. Ella no se merece esto —le respondí—. Pero ella tampoco se merece vivir con un esposo sin gozo y apático en lo espiritual. Ella merece la verdad y una confesión plena. Merece la oportunidad de recobrar a su hombre de Dios".

Tomás admitió que, desde hacía años, sabía que debía sacar a la luz el asunto, pero que no había estado dispuesto a hacerlo por causa del dolor y de la vergüenza que sentía. Su secreto y su indisposición para lidiar con este tema complicado lo habían llevado a siete años de una vida estancada. Oramos juntos y él prometió confesárselo a su esposa la próxima vez que la viera. Una semana más tarde, recibí un correo que decía:

> Estimado Mark: llevo años sin sentir tanta libertad y paz como ahora. Se lo confesé todo a mi esposa. Fue lo más difícil que hice en la vida. Sin embargo, recordé continuamente lo que me dijiste sobre que mi esposa merecía algo mejor que un esposo sin gozo y apático en lo espiritual. Por ahora, estoy durmiendo en el sillón de la sala, pero gracias a Dios, he salido de mi desierto.

Me alegra compartirte que Tomás y su esposa están bien y que viven plenamente para el Señor con un gran matrimonio. No obstante, antes de poder avanzar en libertad, Tomás tuvo que decidir hacer algo difícil y lidiar con un tema doloroso que llevaba años evitando.

La primera pregunta que Dios le hizo a Elías en la cueva fue: "¿Qué haces aquí?". El primer paso importante que le pidió que tomara fue: "Vuélvete por tu camino". La instrucción más importante que Dios le dio a Elías fue regresar directamente al lugar del que estaba huyendo. Algunos esperan en su cueva a que las circunstancias cambien antes de pensar en salir. Creen que están atrapados hasta que cambie algo que queda fuera de su control. Un nuevo encuentro con Dios no cambia nuestras circunstancias, pero sí nos cambia a nosotros en medio de nuestras circunstancias

> Y le dijo Jehová: Ve, vuélvete por tu camino, por el desierto de Damasco (1 Reyes 19:15).

¿Recuerdas lo que sucedió en el desierto de Damasco? Este fue el lugar en el que Elías, de camino a la cueva, descendió al pozo de la depresión suicida, motivado por su autocompasión. El desierto de Damasco representaba el peor momento de la vida de Elías. Fue su punto más bajo, su hora de mayor desesperación. Del otro lado del desierto se encontraba Jezabel, la mujer que había detonado su huida a la cueva. Dios envió a Elías de vuelta a las circunstancias difíciles de las que había huido.

Recientemente, una amiga que estaba embarazada me dijo que no piensa regresar al hospital donde nació su primer bebé. Cuando le pregunté por qué, me dijo que el hospital era bueno y que el personal la había tratado muy bien, pero que su experiencia durante el trabajo de parto fue tan terrible y su recuperación tan dolorosa que tan solo entrar al hospital la deprimía. Estoy seguro de que la idea del desierto de Damasco provocó sentimientos similares en Elías.

Dios no solo lo envió de vuelta al sitio de su peor pesadilla, sino que también le dijo: "A Jehú hijo de Nimsi ungirás por rey sobre Israel; y a Eliseo hijo de Safat, de Abel-mehola, ungirás para que sea profeta en tu lugar" (1 Reyes 19:16). En esencia, Dios le pidió a Elías que pusiera en marcha un golpe político para derrocar a Jezabel, su archienemiga, y su reinado de terror. Dios no solo le dijo a Elías que regresara a su problema. También le pidió que enfrentara de lleno su más grande temor.

La evasión se ha convertido en un pasatiempo nacional. Si se trata de algo difícil, doloroso o exigente, lo evitamos a toda costa. Incontables parejas evitan lidiar con los problemas de raíz de sus conflictos matrimoniales y terminan en un juzgado. Los gobiernos evitan tratar con las deudas hasta que estas se conviertan en una crisis económica. Millones de personas evitan lidiar con los problemas que conducen a las adicciones hasta que necesitan ya un proceso de rehabilitación. Elías estaba cansado de lidiar con el estrés y la tensión de su llamado y alcanzó un punto de inflexión en el que, sencillamente, huyó. Llegó a tal punto de agotamiento que se dijo: "Todo este esfuerzo y sacrificio no ha servido de nada; terminaré como un profeta asesinado más". El temor al fracaso lo abrumó. En lugar de enfrentar el problema, huyó y se escondió. Se sentó debajo de un arbusto y oró: "Basta ya, oh Jehová, quítame la vida, pues no soy yo mejor que mis padres" (1 Reyes 19:4).

Un nuevo encuentro con Dios dio un giro de ciento ochenta grados a su vida. Elías había dado la espalda a sus problemas, pero su encuentro con la presencia de Dios lo envió de lleno hacia este asunto pendiente.

NUEVAS ETAPAS Y ASUNTOS PENDIENTES

La mayoría de las personas busca un alivio que no implique enfrentar la situación y tratar con sus problemas. El marido resentido no quiere consejería matrimonial; quiere una nueva esposa. La creyente contrariada no quiere resolver su conflicto con el ujier; quiere una nueva iglesia. El joven endeudado no quiere apoyarse en un asesor financiero; prefiere jugar a la lotería. La mujer soltera no quiere tratar con lo que la mueve de una mala relación a otra; solo quiere un nuevo servicio de citas. La comedora compulsiva no quiere lidiar con lo que la mueve a la glotonería; solo quiere una nueva píldora para adelgazar.

LA EVASIÓN SE HA convertido en un pasatiempo nacional.

En la vida, nos quedamos estancados cuando evadimos el dolor de lidiar con nuestros problemas. La evasión pospone el dolor inmediato, pero incrementa las consecuencias a largo plazo y complica nuestras dificultades. Nuestro camino hacia una nueva etapa implica tratar con los asuntos que hemos estado evitando. Nos exige hacer algo difícil antes de poder avanzar. El reto de Dios a Elías, "vuélvete por tu camino", significaba que debía volver para enfrentar precisamente el temor y la desilusión de las que estaba huyendo. Tenía que viajar de vuelta por el valle de la depresión y enfrentarse cara a cara con su miedo más grande. La única manera para avanzar es regresar y enfrentar nuestros puntos de atasco.

La vida consiste en una serie continua de transiciones, de una etapa a la siguiente. Cada nueva etapa está marcada por límites que debemos cruzar sin atascarnos. He descubierto que la mayoría de los problemas sin resolver surgen durante momentos de transición.

La primera pareja a la que casé fue para mí una introducción a este principio. Yo visitaba a Jorge y a Mónica de forma regular.

ALGUNOS DE nosotros nos resistimos a cada nueva etapa que se presenta.

Finalmente, Jorge, un exadicto, decidió entregarle su vida a Cristo y, pronto, Mónica lo hizo también. Ellos llevaban cerca de diez años viviendo juntos y tenían un niño de siete años. Le pedí a Jorge que durmiera en el sillón hasta que se casaran. Fue difícil para Jorge entender por qué, después de diez años y de un hijo, Dios no estaba de acuerdo en que durmieran juntos. Finalmente, ambos accedieron. Rápidamente, planeamos una boda pequeña. Unos dos días antes de la boda, Mónica me dijo que quería hablar conmigo. Me explicó que, unos cuatro años antes, ella y Jorge se habían separado durante algunos meses. Para pagar sus cuentas, se había casado con un inmigrante indocumentado que le había pagado cinco mil dólares en efectivo para legalizarse. Ella nunca se había involucrado físicamente con él y jamás lo había vuelto a ver después de la ceremonia civil. Mónica se sentía culpable por este pseudomatrimonio y quería confesármelo antes de la boda. Le expliqué que, en el estado de Illinois, la poligamia era ilegal y que no podría casarla hasta que resolviéramos el asunto.

Desafortunadamente, tuvimos que contactar a todos los invitados un par de días antes de la boda y posponer la celebración por "razones personales". Tuve que sortear algunas conversaciones difíciles con ella y con Jorge, que no sabía nada de este matrimonio ficticio. Nos tomó unos tres meses resolver el "divorcio" y, finalmente, Jorge y Mónica se casaron. Cuando partieron para su luna de miel, mi esposa y yo nos hicimos cargo de su hijo.

El asunto pendiente de Mónica no tuvo mucha importancia hasta que estuvo lista para avanzar a una nueva etapa.

Entonces, se convirtió en un punto de atasco tremendo que le estaba impidiendo avanzar. Ella estaba dejando la soltería y entrando en el matrimonio con el hombre al que amaba, pero este asunto sin resolver la paró en seco. No había forma de eludirlo. O permanecía en la antigua etapa de la soltería o enfrentaba sus fracasos pasados con tal de avanzar hacia el matrimonio.

Alguien dijo en alguna ocasión que la única constante en la vida es que siempre cambia. Escuché una vez una entrevista con un hombre que acaba de cumplir cien años. El reportero comentó: "De seguro que ha visto usted muchos cambios durante el último siglo".

"Sí, así ha sido —le respondió el centenario—, y me he opuesto a todos y cada uno de ellos".

Algunos de nosotros vamos por la vida con la misma mentalidad. Nos resistimos a cada nueva etapa que se presenta. Pasamos mucho tiempo estancados en la frontera de una nueva etapa y nos negamos a cruzar la línea hasta que se nos obliga a hacerlo.

Hace unos años, mi madre me llamó para informarme que mi padre se había enfermado súbitamente, de gravedad. Le llamé a mi hermano, Bob, y ambos nos lanzamos a organizar un viaje de emergencia a España, donde vivía mi padre. Cuando llegamos al aeropuerto de Chicago, le mostré mi pasaporte al agente de seguridad, solo para descubrir que estaba caducado. Llevaba algunos meses con un pasaporte caducado, pero no me había dado problemas... hasta que traté de cruzar la frontera de mi país. Mi estomago se hundió mientras me despedía de mi hermano, que se subió al avión sin mí.

Me subí a mi auto y me dirigí inmediatamente a la oficina de gobierno en el centro de Chicago donde antes había renovado mi pasaporte. Cuando intenté entrar a la oficina, un guardia me detuvo. Un poco molesto, le expliqué que necesitaba renovar mi pasaporte de inmediato por causa de una emergencia familiar. El guardia me dijo: "Lo siento, caballero, pero la oficina está cerrada hasta que se resuelvan algunas cuestiones de presupuesto".

Incrédulo, le pregunté: "Y ¿sabe cuánto tiempo va a tardar?".

Se encogió de hombros y me dijo: "Nadie lo sabe, pero todos esperamos que sea pronto". Así que allí estaba yo, atrapado en Chicago, con mi padre gravemente enfermo en una cama de hospital en España. Mi pasaporte había expirado y la oficina de gobierno estaba cerrada. Después de varias llamadas, finalmente me contestó alguien que supo responder a mis preguntas. Me informó que no podría renovar mi pasaporte hasta que se reabriera la oficina de gobierno. Le solicité un pasaporte de emergencia, pero me dijo que solo estaban otorgando pasaportes en caso de un fallecimiento. Podrían renovar mi pasaporte si comprobaba que iba a recoger el cuerpo de un familiar inmediato, pero no por una enfermedad. Colgué el teléfono, frustrado y desalentado. Oré: "Señor, mi padre me necesita ahora. Me dicen que es imposible ir a España, pero sé que tú puedes abrir cualquier puerta que te plazca. Por favor, Señor, ábreme un camino". Tomé de nuevo el teléfono y, en mi desesperación, hice una última llamada a Washington, al jefe del departamento que podía otorgar una excepción. Cuando colgué, creí que tendría que resignarme a esperar.

Treinta minutos más tarde, recibí una llamada: "Sr. Jobe, hemos concedido su solicitud. Vaya a la oficina de gobierno y la abriremos para que pueda renovar su pasaporte". Conduje hasta el centro de la ciudad tan rápido como pude. Cuando entré a la oficina, el guardia me dijo: "Joven, debe tener altas influencias para que le abran la oficina solo para usted". Yo lo miré con confianza y le dije valientemente: "Ni se imagina el nivel de mis influencias". Con el pasaporte en mano, logré cruzar la frontera y, al día siguiente, me encontraba ya junto a la cama de mi padre en España. Cinco días más tarde, mi padre falleció. Agradeceré para siempre los días que pude pasar con él antes de su partida a casa. Mi pasaporte caducado casi me hizo perder los últimos días de la vida de mi padre.

Aquel día, aprendí una valiosa lección. Los asuntos pendientes nos impedirán cruzar fronteras en momentos clave de nuestra vida. En el cruce, estos asuntos pendientes se convierten en puntos de atasco importantes que nos hacen perder oportunidades vitales.

EL PROBLEMA CON LOS ASUNTOS PENDIENTES

Éxodo 4:18-31 nos relata una historia inusual. La escena bien podría haber salido de una de las películas de terror de Alfred Hitchcock. Un motel barato, un hombre respirando agitadamente, un niño acostado, llorando, en un charco de sangre, una mujer semienloquecida con un objeto afilado en su mano y un pedazo de carne humana en el piso. Este pasaje de Éxodo, prácticamente desconocido, expone el peligro de intentar cruzar fronteras con asuntos pendientes.

> Y aconteció en el camino, que en una posada Jehová le salió al encuentro [a Moisés], y quiso matarlo. Entonces Séfora tomó un pedernal afilado y cortó el prepucio de su hijo, y lo echó a sus pies, diciendo: A la verdad tú me eres un esposo de sangre (Éxodo 4:24-25).

Moisés había despertado ante el llamado de la zarza ardiendo. Él se había portado de forma renuente, insegura y poco convencida, pero, después de un poco de insistencia divina, le dijo que sí a Dios. Después de un desvío de cuarenta años, finalmente Moisés estaba de vuelta en su misión de vida de librar al pueblo de Israel de cuatrocientos años de esclavitud. Así que empacó sus maletas, se despidió de su suegro, Jetro, y se dirigió de vuelta a Egipto con su esposa, Séfora, y con sus dos hijos pequeños. En el camino, se detuvieron en una posada, donde ocurrió algo extraordinario. Dios intentó matarlo. Sí, leíste bien. Las Escrituras dicen que "Jehová le salió al encuentro, y quiso matarlo". ¿Por qué querría Dios llamar a Moisés y luego intentar matarlo? Después de todo, estaba en una misión y había respondido en obediencia al llamado de Dios.

Moisés tenía asuntos pendientes y estos se hicieron notar cuando intentó cruzar la frontera espiritual hacia su llamado. Mientras cuidaba de las ovejas en su etapa de pastor, esto no pareció ser un problema, pero el control de pasaportes se activó cuando estaba por cruzar esta frontera espiritual importante en su vida.

Moisés sabía bien que una parte de aceptar sus raíces judías era someterse a la práctica de circuncidar a todo hijo varón. Tal vez, consideraba inhumana esta práctica por haberse criado en la sofisticada cultura egipcia. Tal vez, Séfora, su esposa, se había opuesto al rito porque ella no era israelita y pudo haberle parecido una costumbre extraña. O tal vez lo pospuso porque el momento nunca le pareció el adecuado y, sencillamente, se desvaneció en su lista de prioridades. Sin importar la razón, Moisés pospuso su obediencia y, ahora, al avanzar hacia este llamamiento sublime, se convirtió en una barrera prominente.

He descubierto que, si evitamos lidiar con algún asunto importante, este casi siempre surge en el momento menos conveniente. Para el momento en que la circuncisión de su hijo mayor se volvió una prioridad para Moisés, se había convertido en un asunto de vida o muerte. Esta nueva etapa de Moisés trajo consigo una expectativa de santidad más alta. Era hora de poner a un lado su transigencia y cruzar esta nueva frontera.

Sin embargo, como Moisés había postergado su obediencia, Séfora terminó haciendo el trabajo sucio que su marido, Moisés, debió haber hecho años antes... y se disgustó por eso. Cuando otro se vea forzado a hacer tu trabajo sucio porque metiste la pata, no te lo agradecerá. Moisés estaba prácticamente en su lecho de muerte, de manera que Séfora se puso en acción. Rápidamente, tomó un pedernal afilado y, con determinación y disgusto, circuncidó a su alterado hijo para salvar la vida de su marido.

Me imagino a su hijo a los veinticinco años en la sesión de un grupo de terapia mientras relata el trauma de aquella noche: "Hola, mi nombre es Gersón. Recuerdo aquella noche como si fuera ayer. Mi madre se acercó a mí con una piedra afilada. Yo no tenía idea de qué estaba sucediendo. Recuerdo los gritos, la sangre, el dolor, la confusión". Las personas a su alrededor exclaman ante el horror de su niñez traumática y sacuden la cabeza, incrédulos por el nivel de disfuncionalidad de su familia.

Si posponemos la obediencia porque nos parece algo incómodo, solo logramos posponer el dolor y complicar el problema. Al final, todos nuestros asuntos pendientes saldrán a la luz.

EL BOTE DE PECADO

Yo llevaba unos dos años como pastor, y la pequeña iglesia en la esquina de las calles 44 y Paulina seguía creciendo, principalmente con gente que jamás había asistido a una iglesia. Esto creaba una atmósfera emocionante, pero también tremendamente caótica. Durante una etapa, Dios comenzó a enfrentarnos a la necesidad de "purgar la casa" y andar en pureza delante de Él. Muchos de los nuevos convertidos habían estado involucrados en supersticiones, idolatría y adicciones. Un gran número de los nuevos miembros de nuestra iglesia venían de estilos de vida libertinos, llenos de hábitos destructivos y de inmoralidad. Para enfatizar visualmente la necesidad de "purgar la casa", coloqué un gran barril negro en la entrada de nuestro edificio y le puse una etiqueta que decía: "El Bote de Pecado". La idea era que la gente revisara su casa y eliminara las cosas que representaban prácticas de su antigua vida que no agradaban a Dios. Rápidamente, el barril se llenó de objetos.

Una mujer llevó una bolsa con estatuillas sagradas a las que ella y sus familiares oraban y veneraban. Ella se acercó a mí y me dijo: "Pastor, estoy purgando mi casa y necesito deshacerme de estas estatuillas". Se detuvo por un momento. "¿Podría, por favor, deshacerse de ellas?". Más tarde, su hijo me confesó que, aunque la Palabra había producido convicción en ella, tenía miedo de destruir ella misma las estatuillas por las posibles represalias que pudiera sufrir. Así que decidió pedirme que las destruyera y esperar a ver si me enfermaba o me daba un espasmo en el ojo, producido por sus estatuillas sagradas. Tomé un martillo y celebré un evento privado de destrucción de ídolos en la callejuela detrás de mi casa.

La gente respondió al desafío con arrepentimiento y convicción. Un domingo por la noche, al final de un servicio, un recién llegado se acercó a la iglesia para pedir oración. Metió la mano en el bolsillo y, con lágrimas en los ojos, colocó sobre el altar una bolsa de cocaína. Yo me sentí incómodo con la idea de confiarle la bolsa a los ujieres, porque muchos de ellos recién habían abandonado las drogas. Así que decidimos que la taza del baño era una mejor opción para las drogas que el Bote de Pecado, para no tentar a nadie.

Unos días más tarde, recibí una llamada de un hermano llamado Antonio; se le oía un poco nervioso. Me dijo: "Pastor, quiero deshacerme de algo en el Bote de Pecado".

"¿Puedes esperar hasta el domingo?", le pregunté.

"No —me dijo—. Necesito deshacerme de esto ahora". Llegó a mi casa con dos bolsas en la mano. Me explicó que estaba comenzando un estudio bíblico con alguien que había empezado a asistir a la iglesia apenas unas semanas antes. Este hombre se había quebrantado por completo y le había entregado dos montones de revistas llenas de pornografía infantil. Antonio me explicó que no quería aquella basura en su casa, de manera que pensó que yo sabría qué hacer con ella. Mi esposa se puso pálida del enojo al enterarse que este hermano había llevado revistas pornográficas a nuestra casa. Pusimos las bolsas en el porche de atrás hasta el día siguiente. Por la mañana, me dirigí a la iglesia con dos bolsas de pornografía en el asiento de atrás. Conduje lentamente y me la pasé todo el camino orando para que no chocara con el auto. Podía imaginarme perfectamente los titulares: "Pastor en accidente de tránsito descubierto con montones de pornografía". Coloqué las revistas en el fondo del Bote de Pecado.

METIÓ LA MANO en el bolsillo y, con lágrimas en los ojos, colocó sobre el altar una bolsa de cocaína.

Para ese momento, el barril desbordaba con casetes de música, revistas pornográficas, artefactos religiosos, artefactos sectarios y equipos relacionados con drogas. Alguna familia hasta colocó en el barril un televisor pequeño. Decidí que debíamos celebrar una ceremonia como la de Pablo en Éfeso cuando quemaron los libros de magia pagana. De manera que, durante un servicio dominical, nos dirigimos por las escaleras hasta un jardincito en el frente de la iglesia. Conseguimos un asador gigantesco, echamos en él todos los contenidos del Bote de Pecado, los empapamos de líquido inflamable y cantamos alabanzas con nuestras guitarras.

Al principio, todo parecía ir bien. La gente cantaba con pasión y el acto simbólico fue realmente conmovedor. Lo que no esperé fue la altura que alcanzarían las llamas ni la nube de humo negro que se elevó del montón. Unos momentos más tarde, docenas de vecinos estaban en la entrada del edificio para presenciar el incendio en la iglesia de la esquina. Se había reunido una multitud y el humo estaba empeorando. Un vecino gritó: "¿Qué están intentando hacer? ¿Quemar el vecindario?". Luego, para mi consternación, escuché por encima de los cantos y de las voces de los vecinos la familiar sirena de un camión de bomberos que se acercaba a toda velocidad. El camión se detuvo a unos cuantos metros de la gente, que seguía cantando alabanzas, y varios bomberos electrizados saltaron del camión, un poco confundidos ante la escena. Afortunadamente, Nick Bailey, un experimentado bombero que era miembro de la iglesia, logró convencer al capitán de que se trataba de una ceremonia religiosa legítima. El capitán respondió sin rodeos que no importaba que fuera o no una ceremonia religiosa, debíamos apagar el fuego de inmediato. Así que nos ayudaron a hacerlo y concluimos la hoguera con grandes regocijos y celebraciones por la libertad que Jesús ofrece.

Aunque no recomiendo encender una hoguera con los contenidos del Bote de Pecado en el centro de una ciudad, sí creo que lidiar con nuestros asuntos pendientes es vital. Nada puede sabotear el poder de la presencia de Dios en un individuo o en una congregación como los asuntos pendientes. Todo el que de verdad quiere recibir la presencia de Dios sentirá una pasión renovada por la obediencia y un nuevo inicio desde cero.

La obediencia postergada es tan solo otra forma de desobediencia. Enfrentar de lleno los asuntos pendientes es clave para salir de tu cueva. Elías no podía avanzar sin antes enfrentar directamente los temores que lo habían llevado a esta huida hacia la cueva.

LA RENOVACIÓN Y LAS DECISIONES DIFÍCILES

Este mismo principio se aplica, no solo a la vida de los individuos, sino también a los matrimonios, a las familias, a las iglesias, a las comunidades, a las compañías y a los países.

Durante la última década, he tenido la increíble oportunidad de ser parte del relanzamiento de nueve iglesias históricas en Chicago. Algunas de estas iglesias fueron fundadas hace más de un siglo. Para el momento en que nos contactaron, solían estar en un pésimo momento y sus historias eran bastante similares. Un grupo comprometido de pioneros había fundado cada una de ellas y a menudo se sacrificó para levantar el edificio y predicar el evangelio de Jesucristo. Con frecuencia, hubo décadas de crecimiento, de impactos positivos, de actividad misionera... la época dorada. Sin embargo, es inevitable que la primera generación pase, que el vecindario cambie y que la congregación tenga problemas para sobrevivir. Muchas veces, el pequeño grupo que queda en estos templos urbanos históricos se enfrenta con decisiones muy difíciles. Muchas de estas congregaciones cierran y su legado y espacios sagrados se pierden en el bullicio del frenético paso del estilo de vida urbano. He encontrado gran satisfacción en ayudar a mantener viva la llama del evangelio en estos espacios sagrados. Nuestro equipo ha hecho la reinstauración digna y honrosa de estas iglesias en problemas parte de su misión. Hemos aprendido a celebrar su pasado como parte adoptada del nuestro. Ha sido emocionante ver estas iglesias históricas llenas de vida y de nuevo con su propósito inicial.

La diferencia más grande entre las iglesias históricas que logran reinstaurarse y las que mueren es su disposición a tomar decisiones difíciles y a dar pasos valientes. Muchas iglesias saben que no pueden sobrevivir por el camino en el que van, pero les parece demasiado doloroso hacer cambios. Se sienten mucho más cómodos con el viejo problema que con la nueva solución. Prefieren morir igual que vivir de forma diferente.

Cuando conocí por primera vez a la congregación de la Galilee Baptist Church, estaba convencido de que una colaboración resultaría en un desequilibrio tremendo. Ellos eran una iglesia histórica con una gran tradición cultural y una congregación que, predominantemente, rondaba entre los setenta y los ochenta años. New Life era una iglesia joven con cientos de nuevos creyentes. El director de música de Galilee dirigía a la congregación en adoración con un himnario histórico, acompañado por un órgano. New Life tenía un grupo de alabanza con batería, guitarras eléctricas, bajo y percusión. La mayoría de nuestros músicos solían tocar en bares y en grupos de rock antes de llegar a Cristo.

En nuestra primera reunión, expresé mis reservas respecto a un choque cultural que pudiera provocar conflictos. Sin embargo, a medida que escuchaba el corazón de estos creyentes de edad avanzada, mi renuencia dio paso a esperanza y visión. El momento definitivo llegó cuando conocí a Chuck McWherter, un hombre de unos setenta y tantos que había sido presidente de la junta directiva durante años. Chuck me miró y me dijo: "Mark, he sido parte de esta iglesia durante más de cuarenta años. Amo a estas personas y a esta iglesia, pero necesitamos cambiar si queremos sobrevivir. Estoy dispuesto a hacer lo que sea necesario por seguir alcanzando a otros para Cristo". Este fue el punto de inflexión. Después de aquella conversación, supe que había una oportunidad. Chuck me aseguró que estaba dispuesto a conducir a estas personas a las difíciles decisiones que implica el cambio.

Compartíamos nuestro amor por Jesús y un deseo por ver el evangelio transformar vidas. Ellos estaban frustrados de que su amada iglesia se estuviera reduciendo en número y por los problemas que tenían para conectarse con la comunidad. Nosotros estábamos buscando formas estratégicas para llevar el evangelio a diferentes comunidades. Nosotros teníamos personas, y ellos, un edificio. Ellos tenían historia, y nosotros, energía. Nosotros entendíamos la cultura de la comunidad y ellos entendían la herencia de sus espacios sagrados. Ellos tenían veteranos experimentados de la fe y nosotros teníamos muchos jóvenes creyentes en busca de ejemplos que los inspiraran.

Las cosas se movieron rápidamente y, unos cinco meses después de nuestro primer contacto, estábamos celebrando ya una gran inauguración. De los treinta miembros originales, unos veinte decidieron quedarse. La mayoría de los demás se fueron a iglesias tradicionales, muy similares a lo que Galilee había solido ser. Los que se quedaron se abrocharon el cinturón de seguridad en preparación para el rápido trayecto por la ruta del cambio. Los miembros originales que se quedaron han sido una fuente increíble de aliento, de estabilidad, de fe y de ejemplo. La mayoría tienen más oportunidades de ministerio ahora que lo que tuvieron en años.

La iglesia en la esquina de las calles Damen y Wellington, que alguna vez se conoció como la Galilee Baptist Church, es un epicentro de actividades ministeriales. Ahora, New Life West Lake View tiene una guardería repleta. La gente está llegando a Cristo y los múltiples servicios de adoración ministran a varios cientos de personas de la comunidad todas las semanas. Todo porque estuvieron dispuestos a tomar decisiones difíciles, a cambiar y a negarse a defender una cultura de comodidad.

Año tras año, muchas personas saben que necesitan cambiar, que están atascados, pero se niegan a tomar decisiones difíciles. Nunca logran renovarse porque prefieren evitar el dolor que implica cambiar.

¿Hay algún asunto que estés evitando? ¿Has estado huyendo de un paso de obediencia que sabes que debes dar? ¿Estás atascado en la frontera de una nueva etapa y no has podido cruzarla? ¿Con qué tema debes tratar con valentía y de frente antes de avanzar a esta nueva etapa? Es hora de enfrentar ese asunto complicado y tomar ya esa decisión difícil. Es tiempo de renovar tu pasaporte y avanzar.

CAPÍTULO 9

REDESCUBRE TUS LÍMITES

Con renuencia, accedí a ayudar a entrenar al equipo de fútbol de primer y segundo año de primaria al que mi hijo acababa de inscribirse. Pronto descubrí que el mejor trabajo disponible era el de entrenador asistente. El trabajo me permitía gritar desde la banca, junto al entrenador principal, pero no me obligaba a lidiar con llamadas durante la semana ni con papeleos administrativos. En nuestra primera práctica, me di cuenta de que estos jugadorcitos no sabían mucho de fútbol; ellos solo querían patear la pelota. Cuando llegó nuestro primer partido oficial, lucíamos genial. Los niños llevaban uniformes iguales, espinilleras, botines y un número en la espalda. Nos reunimos en un círculo, juntamos nuestras manos y gritamos el nombre del equipo. El entrenador principal y yo posicionamos en el campo a los jugadores y les recordamos que debían esforzarse. Cuando el réferi hizo sonar su silbato, miré con consternación cómo el equipo abandonaba de inmediato sus posiciones asignadas y, cual horda de salvajes, se lanzaba detrás de aquel balón blanco y negro. El único que se quedó en su posición fue el portero, y yo podía darme cuenta de que estaba echando mano de toda su fuerza de voluntad para no unirse a la persecución. Los jóvenes jugadores de ambos equipos terminaron en un círculo, dándose empujones y empellones para intentar poner su pie sobre el balón. De vez en cuando, un chico lograba conectar de buena manera con el balón y este salía disparado de la aglomeración de jugadores. Estos entonces miraban a su alrededor y salían corriendo de nuevo hacia la pelota.

Al medio tiempo, el entrenador y yo reunimos al pequeño grupo de jugadores jadeantes y colorados y les dimos una instrucción: "Quédense en sus posiciones". Les aseguramos que, en algún punto, el balón llegaría hasta su zona, pero que necesitaban jugar en la posición que les tocaba. Trazamos algunos límites imaginarios en el suelo y les dijimos: "Respeten su posición y quédense dentro del límite". Les explicamos a los niños que los límites significaban que todos los miembros del equipo debían jugar dentro de su línea y pasar el balón a otro jugador antes de cruzarla. Era un sistema sencillo, pero eficiente. Cuando estos pequeños jugadores aprendieron a jugar en su posición, comenzamos a ganar partidos. Sin límites, todos los jugadores intentaban abarcar por sí mismos todo el campo y entonces se producía un caos. Sin límites, todos actuaban como equipos de un solo jugador en su intento por anotar goles. Como resultado, se cansaban, no eran efectivos y perdían juegos. Cuando aprendieron a jugar en su posición y a quedarse dentro de sus límites, comenzaron a ganar. No llegamos a ganar la Copa Mundial, pero sí aprendimos algunas lecciones valiosas. A estos jugadores de primer año les costó entender la misma lección que a Elías: cómo jugar en su posición y permanecer dentro de sus límites. A menudo, Elías mismo había intentado ser un equipo de un solo jugador, pero terminó colorado y exhausto. La vida sin límites es, en última instancia, insostenible e insana.

CUANDO INTENTAMOS HACER MÁS DE LO QUE DIOS NOS HA PEDIDO

En parte, Elías terminó en la cueva de la autocompasión y del aislamiento porque había intentado hacer más de lo que Dios le había pedido. Elías no había aprendido a jugar dentro de los límites de su llamado. Antes de salir de la cueva, Dios lo ayudó a clarificar su llamado y a soltar su control sobre las áreas que no le correspondían. Elías descubrió una nueva libertad cuando comenzó a delegar áreas de responsabilidad.

Dios envió a Elías de vuelta a aquel contexto de pesadilla y a la labor que había abandonado. Sin embargo, esta vez, tenía un plan que incluía reclutar un equipo y soltar sus diferentes responsabilidades. En otras palabras, Dios no solo le dio un plan para salir del aislamiento, sino que también puso en marcha un plan para limitar las responsabilidades de Elías y enfocar su llamado.

> Y le dijo Jehová: Ve, vuélvete por tu camino, por el desierto de Damasco; y llegarás, y ungirás a Hazael por rey de Siria. A Jehú hijo de Nimsi ungirás por rey sobre Israel; y a Eliseo hijo de Safat, de Abel-mehola, ungirás para que sea profeta en tu lugar (1 Reyes 19:15-16).

Estos futbolistas de primer año tenían los mismos problemas que Elías para entender la lección de cómo jugar en su posición y permanecer dentro de sus límites. Al igual que muchos de nosotros, Elías había asumido responsabilidades que Dios nunca le había dado. Se necesitaba de tres líderes para manejar con éxito la labor que Elías estaba intentando hacer por sí solo. El profeta salió de la cueva con la instrucción clara de delegar la responsabilidad del liderazgo político de Siria (Aram) a Hazael, y del liderazgo político de Israel a Nimsi. También se le pidió que delegara autoridad a un líder joven llamado Eliseo, que tomaría su lugar en el liderazgo espiritual de Israel.

Saber lo que *no* somos llamados a hacer es igual de importante que saber lo que sí somos llamados a hacer. La vitalidad y la sostenibilidad de tu misión y de tu llamado dependen de conocer tus límites. Soltar aquellas cosas que nunca debiste de haber asumido libera tu energía y recursos para enfocarlos en tu llamado principal.

Creo que cada persona fue creada con un propósito divino en mente. Me encanta la forma en la que Pablo lo expresa en su carta a los Efesios donde escribe:

> Porque por gracia sois salvos por medio de la fe; y esto no de vosotros, pues es don de Dios; no por obras, para que nadie se gloríe. Porque somos hechura suya, creados en Cristo Jesús para buenas obras, las cuales Dios preparó de antemano para que anduviésemos en ellas (Efesios 2:8-10).

El llamado de todo cristiano es tener una relación con Dios por medio de su Hijo, Jesucristo. Una vez que llegamos a Cristo, todos recibimos el llamado de vivir en una misión con Él. No hay personas llamadas y personas no llamadas. Todos somos llamados. La pregunta es cuál será nuestra respuesta.

SOLTAR PARA INCREMENTAR

"Creo que es momento de seguir adelante y de comenzar algo nuevo", expliqué. Desafortunadamente para mí, el equipo de liderazgo que yo mismo había formado estaba firme en su decisión. Ellos no sentían que fuera el momento adecuado para una transición en el liderazgo.

La iglesia había crecido de menos de veinte personas a más de doscientas cincuenta y yo estaba listo para algo diferente. El presupuesto ahora era suficiente para ofrecerle al pastor un salario legítimo. Habíamos reemplazado nuestros cantos sin música con un grupo de alabanza. Nuestro liderazgo funcionaba con el compromiso de varias parejas voluntarias. Ya no cabíamos en el primer edificio y ahora rentábamos el auditorio de una escuela primaria. La iglesia rebosaba de bullicio, de salud y de nuevos creyentes. Sin embargo, la emoción de comenzar algo nuevo había empezado a desvanecerse. Para ser honesto, me estaba poniendo ansioso. Estaba sumamente ocupado y tenía muchas responsabilidades, pero ya nada me energizaba ni me llenaba de emoción.

Me acerqué al grupo de líderes en nuestra reunión de los lunes con la idea de partir para plantar otra iglesia. Les expliqué cómo podríamos hacer la transición a otro pastor con mejor preparación para la siguiente fase de crecimiento de New Life. El liderazgo se opuso a la idea por unanimidad. Ellos no creían que fuera el momento ni la manera correcta para hacerlo.

Me sentía atrapado. Había formado este equipo sobre la premisa de que nos escucharíamos los unos a los otros y buscaríamos tomar juntos las decisiones más importantes. Mi energía pionera y empresarial había quedado abrumada por los deberes pastorales y administrativos que parecían poner un peso cada vez más grande sobre mis hombros. Mi corazón se hundía al intentar visualizarme como pastor en este contexto durante tres años más.

Desanimado, comencé a escuchar un casete (en alguna época, existió un artefacto llamado casetera) del gurú de liderazgo John Maxwell, quien compartió un breve relato que me hizo abrir los ojos. Una pareja se había perdido en las colinas de Arkansas mientras se encontraban de vacaciones. Pasaron por un pequeño poblado en medio de la nada que consistía en un par de casas y de una tiendita familiar. La única persona que se veía en el poblado era un anciano con una larga barba blanca que fumaba un cigarro mientras descansaba en su destartalada mecedora. La pareja bajó la ventanilla del auto y preguntó: "Disculpe, caballero. ¿Este poblado es reconocido por algo en especial?".

MI ENERGÍA pionera y empresarial había quedado abrumada por los deberes que parecían poner un peso cada vez más grande sobre mis hombros.

El anciano consideró por un momento, tomó el cigarro en su mano y, con una voz grave y marcada con un acento de campo, respondió: "Lo único que sé es que desde este poblado de aquí se puede llegar a cualquier lugar del mundo".

No recuerdo qué lección estaba intentado transmitir Maxwell con este relato, pero sí recuerdo lo que me dijo a mí la historia. Entendí que desde "este lugar de aquí", la Iglesia New Life Chicago, podía llegar a cualquier lugar del mundo. Me di cuenta de que lo único que me estaba limitando era la caja en la que me había metido yo mismo y a la iglesia. No necesitaba irme de ahí ni seguir adelante. Sencillamente, necesitaba enfocar mi energía en mis fortalezas en el lugar donde me encontraba. Desde "este poblado de aquí", desde "esta iglesia de aquí", podíamos hacer cualquier cosa que Dios nos llamara a hacer en cualquier lugar del mundo. El problema no era la iglesia; el problema era yo.

Yo me sentía tremendamente cómodo con nuevas aventuras, con definir una nueva visión, con movilizar a las tropas, con entrenar un equipo y con llamar a la gente a tomar decisiones. Tenía que aprender la diferencia entre lo que Dios me había llamado a hacer y lo que necesitaba encargar a otros. Necesitaba aceptar los límites y la claridad de mi llamado.

En parte, Elías había quedado extenuado porque no había formado un equipo; había asumido demasiada responsabilidad y no había sabido delegar. Tenía el síndrome del llanero solitario, del disidente, del yo solo contra el mundo. Dios sí lo había llamado a dirigir una resistencia espiritual. Sí lo había elegido para mantenerse firme ante la oposición política, religiosa y militar, pero el plan nunca fue que lo hiciera solo. Dios no esperaba que Elías cargara con toda la responsabilidad por su cuenta.

Muchos líderes visionarios son buenos para definir lo que quieren lograr, pero muy malos en ver los límites de sus dones y de su llamado. A menudo, su fortaleza es inspirar a otros, pero su debilidad es delegar responsabilidades y formar un equipo. He descubierto que los líderes que logran más cosas y sobreviven durante más tiempo parecen ser los que tienen bien claro su llamado y el rol que les corresponde. Aceptan la realidad de que no son seres superiores y de que tienen habilidades limitadas. Entienden que, para incrementar su impacto, tienen que soltar ciertas responsabilidades.

Nicolás y Lisa tienen un testimonio increíble. Se conocieron antes de ser seguidores de Jesús. Lisa era musulmana practicante y Nicolás era un joven narcotraficante engreído. Se enamoraron y comenzaron una turbulenta relación. Los padres de Lisa tuvieron una dramática conversión y comenzaron a compartir su fe con la joven pareja. Unos pocos meses después, tanto Nicolás como Lisa doblaron sus rodillas ante el señorío de Jesús. Desde el principio, su anhelo fue ayudar a matrimonios jóvenes. En el proceso de mentorear a parejas e invertir en su pasión, se encontraron una década más tarde al frente de un creciente ministerio con matrimonios. Nos pidieron a mi esposa y a mí que los aconsejáramos.

No entendían cómo podían estar trabajando en el ámbito ministerial que los apasionaba, pero que, aun así, se sintieran frustrados e inquietos. Se sentían estancados. Al conversar, se hizo evidente su gran pasión por los matrimonios, pero también que no disfrutaban del trabajo administrativo que implicaba la organización de un ministerio grande. Sus fuertes eran las intervenciones en crisis matrimoniales y las consejerías a corto plazo. Esta mezcla de pasión por los matrimonios sanos, de discernimiento y de sensibilidad al Espíritu Santo los volvieron excelentes en intervenciones en situaciones de crisis. Sin embargo, cuando se trataba de organizar y gestionar líderes y eventos, se les acababa la energía. Tenían un fuerte sentido de que Dios los había llamado y dotado para trabajar con parejas, pero no habían logrado definir los límites de su llamado. Estaban en el ámbito ministerial adecuado, pero su enfoque y responsabilidades eran demasiado amplias.

Ahora, Nicolás y Lisa han limitado su enfoque a intervenciones en situaciones de crisis matrimonial. Se reúnen de forma regular con varias parejas y gozan de un énfasis más claro. En lugar de sentirse extenuados, han encontrado nueva energía en su llamado. Recientemente, Nicolás me dijo que, cuando él y Lisa se reúnen con una pareja que ha perdido la esperanza, él siente fe y esperanza por ellos.

Estas limitaciones con delegar y con soltar no necesariamente se aplican a todas las personas, pero puede que te hayas sentido identificado con algunas de ellas. Lo que sí sé es que, sin importar tu llamado en esta etapa de tu vida, no tienes por qué hacerlo solo. Hay aspectos que tendrás que enfrentar por ti mismo y decisiones que no puedes delegar, pero un llamado sustentable siempre implica soltar lo que otros pueden hacer mejor que tú.

LA TRAMPA DE LA AUTOSUFICIENCIA

Recobrar la claridad respecto a nuestro llamado exige entender lo que fuimos llamados a hacer y lo que no. Pero también implica entender cómo debemos cumplir nuestro llamado. Nuestra cultura exalta la idea de un llanero solitario, independiente y autosuficiente, que puede salir adelante por sí mismo. Sin embargo, desde la perspectiva de Dios, los verdaderos héroes son los débiles y los quebrantados que han aprendido a depender de Él. La autosuficiencia es un cáncer sutil del alma que lentamente reemplaza nuestra dependencia en Dios con dependencia en nuestras propias habilidades y recursos. A diferencia de otras tentaciones, mientras más experiencia obtenemos y más éxito alcanzamos, más letal se vuelve la atracción de la autosuficiencia.

En 2 Crónicas 16, encontramos la historia de Hananí, un profeta que recibió el llamado de desafiar la autodependencia del rey Asa y su compromiso poco entusiasta con Dios. Hananí le dijo al rey: "Porque los ojos del SEÑOR recorren toda la tierra para fortalecer a aquellos cuyo corazón es completamente Suyo" (v. 9, NBLA).

Hay dos cosas que me llaman la atención de este versículo. La primera es la idea de que Dios escudriña la tierra de forma sistemática para descubrir un tesoro preciado. ¿Alguna vez has visto a una persona que ha perdido un lente de contacto? Detiene todo lo demás para buscar este disco de plástico casi invisible. Sus ojos se mueven de un lado al otro por el piso en busca de este escurridizo lentecito. Ahora, imagina los ojos todopoderosos de Dios avanzando de un lado al otro mientras escudriña la superficie de la tierra y escanea continentes, países, provincias, ciudades, comunidades, vecindarios, calles y hogares... hasta que, de pronto, sus ojos se detienen. Es difícil encontrar un corazón que sea completamente suyo. Me imagino a los seres celestiales esperando ansiosamente hasta que, finalmente, susurran unos a otros en tono emocionado: "¡Ha encontrado uno!".

La segunda cosa que me llama la atención es lo que Dios hace cuando identifica este tesoro. Él fortalece a la persona cuyo corazón es completamente suyo. Una vez que Dios encuentra a una persona que ha rendido su corazón plenamente a Él, se deleita en derramar su poder en esta persona y en demostrar su poder por medio de ella.

Sin embargo, un corazón totalmente dedicado a Él no solo implica compromiso, sino que también implica dependencia de Dios, en vez de en uno mismo. Al principio de su vida, el rey

Asa confió en Dios y lo buscó con corazón sincero. Pero, con los años, comenzó a reemplazar su dependencia en Dios con confianza en su propia experiencia. Años antes, cuando enfrentó una situación militar retadora, inmediatamente acudió a Dios en busca de ayuda y dirección (2 Cr. 14:9-13). Al pasar los años, Asa cambió. Ahora tenía más experiencia, era un veterano de la estrategia política y de la táctica militar. Había forjado alianzas y sorteado situaciones difíciles en muchas ocasiones. Se había vuelto más sofisticado, más experimentado, más curtido en sus habilidades de liderazgo. Habríamos sido más rápidos para votar por él para algún cargo importante en esta etapa de su vida y, sin embargo, había perdido algo vital. Su dependencia inocente en Dios, como la de un niño, se había esfumado.

La historia del rey Asa tiene uno de los finales más tristes de las Escrituras. Dios le permitió sufrir derrotas militares y enfermedades físicas en un esfuerzo por recuperar su corazón. Hacia el final de su vida, el corazón de Asa se había endurecido tanto que no buscó a Dios ni siquiera en su enfermedad. Asa terminó atrapado en su cueva y jamás logró encontrar la salida. Este hombre comenzó con un gran llamado, con dones extraordinarios y con una excelente habilidad de liderazgo, pero murió como la sombra del hombre que alguna vez fue. Se pasó sus últimos días consultando médicos y experimentando con tratamientos, pero ignoró al mismísimo Dios que lo había levantado y que tenía el poder para sanarlo.

He visto a muchos jóvenes emprendedores, artistas, líderes y gente de negocios terminar arruinados por el "síndrome de Asa". Mi propio corazón se ha visto tentado en esa dirección muchas veces. Al igual que un auto que necesita alineación, he tenido que acudir a Dios, dar la espalda a mi propia confianza y orgullo en mí mismo que me instan a avanzar en mi propio entendimiento y fuerzas. Cuán refrescante es abrir los ojos espirituales y descubrir que no podemos hacer nada de valor espiritual por nuestra cuenta. Entender que necesitamos aprender a entregar cosas a Dios y a los demás es de vital importancia. Aclarar nuestro llamado no solo implica entender lo que Dios nos ha llamado a hacer, sino también lo que Él nos ha pedido que le dejemos a Él manejar. ¡Cuán liberador es hacer la transición de la arrogancia vacía de la autosuficiencia a la fortaleza de la dependencia en Dios!

Si no diriges un ministerio, un negocio ni una organización sin fines de lucro, puede que creas que este principio no se aplica a ti. ¿Cómo puedes delegar responsabilidades si ni siquiera estás en una posición de liderazgo? Sin embargo, soltar áreas que Dios nunca te ha llamado a manejar se aplica a todos en un nivel personal. Muchas personas intentan controlar la situación y hasta a otras personas que sencillamente no se pueden controlar. Tal vez, estás estresado y ansioso porque has intentado controlar a un hijo adulto que está tomando malas decisiones. O quizás estás intentando cambiar a tu cónyuge y, para lograrlo, estás colocando los libros que piensas que debería leer en el buró junto a su lado de la cama... con páginas específicas marcadas y frases resaltadas. Tal vez estás preocupado por las decisiones que tu jefe está tomando, decisiones en las que no tienes influencia. La preocupación y la ansiedad son señales claras de que estás aferrándote a cosas de las que Dios nunca te pidió que te ocuparas.

En Filipenses 4:6-7, se nos recuerda que la ansiedad no es una opción para el creyente. Pablo nos manda: "Por nada estéis afanosos, sino sean conocidas vuestras peticiones delante de

Dios en toda oración y ruego, con acción de gracias. Y la paz de Dios, que sobrepasa todo entendimiento, guardará vuestros corazones y vuestros pensamientos en Cristo Jesús". Anda, confiesa las áreas de tu vida y de tu trabajo que Dios no te ha pedido que cargues y suéltalas. Soltarlas no significa que dejen de importarte. Sencillamente, significa que te importan lo suficiente como para dejarle a Dios manejar lo que tú no puedes. Una nueva etapa de tu vida te espera... si estás listo para aceptar el futuro que Dios tiene para ti.

CAPÍTULO 10

DA EL PRIMER PASO

El policía mexicano de lentes oscuros se acercó a la ventanilla de mi auto. Luego, puso la mano sobre su revólver y me hizo una pregunta que me sorprendió. Lo miré dos veces y le pregunté, un poco confundido: "Disculpe, ¿qué dijo?".

Yo estaba dando una conferencia en San Diego e invité a unos amigos a acompañarnos para disfrutar del clima en el sur de California durante un fin de semana. Después de la conferencia, mi amigo John tuvo una idea. Él y su esposa nunca habían cruzado la frontera hacia México y estaban emocionados por aprovechar la oportunidad. Decidimos cruzar la frontera esa tarde y comer en un restaurante de mariscos cerca de Tijuana.

Cuando llegamos a la oficina de renta de autos, el empleado nos aconsejó tener cuidado al cruzar la frontera. "Cuando cruzas la frontera, llegas a un mundo diferente", advirtió. Nos contó cómo, la semana anterior, una pareja había rentado un auto para hacer lo que nosotros queríamos hacer ahora. La policía local de Tijuana los detuvo y les ordenó que bajaran del auto. Los policías subieron al auto y se marcharon en él. La familia se quedó varada a un lado de la carretera. Agradecimos al empleado y le prometimos que tendríamos cuidado. Los seis cruzamos la frontera en el miniván sin inconvenientes. Disfrutamos de una comida mexicana auténtica en un bonito restaurante cerca del mar. Cuando terminamos de comer, paseamos por la ciudad y disfrutamos de una tarde relajante. Cuando llegó el momento de regresar a la frontera, yo iba al volante.

Conversábamos animadamente, nos reíamos y bromeábamos. De pronto, uno de los pasajeros dijo: "Oye, un policía nos está siguiendo".

Me reí y dije: "Sí, claro". Reajusté mi espejo y vi a un policía mexicano en motocicleta que nos seguía de cerca. Encendí mis luces direccionales y me cambié de carril. De inmediato, el policía se cambió también de carril. Luego, para consternación de todos los pasajeros de nuestro miniván, encendió sus luces y nos hizo señales de que debíamos detener el auto. Con renuencia, me orillé. El oficial se bajó de la motocicleta y se acercó a mi ventanilla. Llevaba un casco y lentes oscuros y un revólver colgaba de una funda en su cintura.

Me miró primero a mí y luego a los demás pasajeros en el vehículo, antes de ordenarme dar la vuelta en una callejuela que quedaba adelante. Mientras me orillaba, los demás me advirtieron que tuviera cuidado y que estuviera listo para huir si resultaba necesario. El oficial me pidió ver mis documentos. Me dijo que tendría que llevarme a la estación de policía para pagar una multa porque, unos kilómetros atrás, había superado el límite de velocidad. Expresé mi sorpresa de que no pudiera sencillamente levantarme una infracción. Sacudió la cabeza fatídicamente. Siguió haciéndome preguntas y perdiendo el tiempo, como esperando que yo le ofreciera un soborno. Cuando le dije que era pastor en Chicago, se detuvo y me miró con seriedad. Luego, me preguntó algo que me tomó totalmente por sorpresa.

Este policía mexicano de lentes oscuros se apoyó en la ventanilla de mi auto. Luego, puso la mano sobre su revólver y me preguntó en tono sombrío: "¿Qué dice Romanos 13?".

Lo miré dos veces. Sentí que no lo había escuchado bien. "Discúlpeme, ¿qué dijo?".

"¿Qué dice Romanos 13?", repitió.

De inmediato, me pasaron dos pensamientos por la cabeza. El primero era: *¿Qué rayos dice Romanos 13?* El segundo fue: *Si no paso este cuestionario bíblico, puede que termine en una cárcel mexicana.* Busqué torpemente las palabras correctas y traté de ganar tiempo para recordar Romanos 13. "Bueno —le respondí—, Romanos 12 nos dice que no debemos conformarnos a este mundo".

Me miró; evidentemente, no lo había convencido.

Luego, recordé el contexto general de Romanos 13. Rápidamente, continué: "Romanos 13 dice que debemos someternos a las autoridades superiores porque son siervos de Dios". De inmediato, el policía se quitó los lentes de sol y me estrechó la mano. Durante el resto de la conversación, se refirió a mi como "pastor". Me pidió que condujera con precaución y que tuviera cuidado en la ciudad. Mientras caminaba de vuelta a su motocicleta, yo me quedé desconcertado. Luego, se acercó con su motocicleta a mi auto y me dijo: "Pastor, dígale a su congregación en Chicago que oren por el departamento de policía de Tijuana. En verdad lo necesitamos". Finalmente, se alejó.

Me abroché el cinturón de seguridad, miré por el espejo retrovisor y, con cuidado, avancé. Me di cuenta de que había cruzado hacia un país y una cultura diferentes, pero que Dios no estaba limitado por fronteras humanas. Él me había dado las herramientas para avanzar hacia este nuevo territorio sin terminar en la cárcel. ¿Cuál es la posibilidad de que un sujeto de Chicago hablara español y supiera lo que dice Romanos 13?

Algunos de mis lectores están ya en la entrada de su cueva, contemplando el primer paso hacia el exterior. Quiero recordarte que Dios va delante de ti. Salir de la cueva desafiará tu fe, pero Dios ya está preparando un camino.

El primer paso nunca viene sin retos. Cruzar fronteras, avanzar hacia nuevas etapas, pasar por puertas abiertas siempre desafiará nuestra fe y nuestra comodidad. En el momento en el que sales de tu cueva y das un paso en un nuevo entorno, la aventura comienza.

UNA REACCIÓN EN CADENA

Cuando Dios llamó a Elías a salir de su cueva en 1 Reyes 19:15, le dijo: "Ve, vuélvete por tu camino". Luego, le dijo a Elías que tenía preparados colegas, un confidente y una comunidad para el profeta. El versículo 19 registra la respuesta de Elías: "Partiendo él de allí...".

Es una frase pequeña, pero lleva implicaciones tremendas porque marca el momento de la acción. El poderoso encuentro con el viento, el terremoto y el fuego, además del silbo apacible de Dios, le llevaron hasta ese momento. Elías no solo tuvo que escoger abandonar la cueva, sino también escoger avanzar en la dirección adecuada. Él estuvo atrapado físicamente en la cueva durante un período breve, pero llevaba caminando por esta senda espiritual y emocionalmente destructiva durante casi un mes y medio. Detrás de este primer paso tenemos semanas de luchas con Dios, consigo mismo y con su llamado.

Su primer paso desató una reacción en cadena que afectó el cuerpo, el alma y el espíritu de Elías.

Salir de tu cueva personal siempre implica un paso valiente que comienza con una decisión sencilla. La reacción en cadena que nos llevó hasta la cueva debe revertirse en el camino de salida. Elías llegó hasta la cueva cuando el temor invadió su alma, empujó su cuerpo hasta el agotamiento y arrastró su espíritu hacia un retroceso espiritual.

En junio de 1981, dieciséis montañistas que estaban encordados como medida de seguridad cayeron más de seiscientos metros (2000 pies) por la ladera de la montaña Cooper Spur en Oregón. Cinco de los montañistas fallecieron y cuatro más quedaron heridos de gravedad mientras intentaban ascender este cerro de tres mil trescientos metros (11.000 pies de altura). Uno de los supervivientes dijo que un miembro del equipo cayó primero y arrastró al resto de los montañistas consigo. Las cuerdas de la cordada tenían la intención de protegerlos, pero, en cambio, se convirtieron en su perdición.

De manera similar, nuestro ser está "encordado" entre tres partes: espíritu, alma y cuerpo. En su primera carta a los creyentes en Tesalónica, Pablo dice: "que todo su ser, espíritu, alma y cuerpo, sea preservado irreprensible para la venida de nuestro Señor Jesucristo" (1 Tesalonicenses 5:23, NBLA). Estos tres elementos están profundamente conectados entre sí. Todas estas partes de nuestra persona pueden sostener a las otras, pero también pueden derribarlas. Es como la joven que cayó en un círculo vicioso emocional después de romper con su novio. Su frágil estado emocional comenzó a afectar su cuerpo, al punto de que se enfermó de gravedad. Sus emociones desesperadas arrastraron su cuerpo y terminaron derribando consigo su vida espiritual. Comenzó a sentir que Dios estaba lejos, distante y que su vida espiritual también se derrumbaba. En un breve período, esta joven enérgica se encontraba en el pozo de la desesperación, abrumada en lo físico, en lo emocional y en lo espiritual. Al igual que los montañistas en Oregón, todas las partes de su ser se desplomaron.

Algunas personas llevan tanto tiempo lisiadas que esto ha trastornado toda su persona. El Evangelio de Lucas nos presenta a una mujer que llevaba lisiada dieciocho años. Durante al menos dos décadas, había estado tan doblada con una curvatura en su columna vertebral que las actividades diarias eran para ella un problema constante. Sin duda, comer, beber y hasta caminar eran actividades extremadamente difíciles. El dolor constante era su compañero de todos los días. Los niños la señalaban con el dedo y preguntaban en voz alta: "Mamá, ¿qué le pasa a esa mujer?". Sus amistades, sus finanzas, su salud, su identidad y su estado espiritual estaban todas profundamente afectados por su condición.

El Dr. Ralph F. Wilson dice que su enfermedad era probablemente lo que los médicos actuales llaman espondilitis anquilosante, una fusión de las vértebras. Las víctimas a menudo descubren que "el dolor se alivia un poco cuando se inclinan hacia adelante, de manera que su columna comienza a fusionarse gradualmente. Mientras más se inclinan para aliviar su dolor, mayor el ángulo, hasta que se encorvan casi por completo",[1] precisamente lo que le sucedió a la mujer del relato. Esta enfermedad es una forma crónica y progresiva de la artritis, que se distingue por inflamación y rigidez y, en

1 Dr. Ralph F. Wilson, "Healing the Woman with a Bent Back", http://www.jesuswalk.com/lessons/13_10-17.htm.

algunos pacientes, incluso la osificación de las articulaciones, en especial en la parte inferior de la columna vertebral.

Aunque, indudablemente, su problema era físico, la raíz de este era espiritual. Ella tenía un problema espiritual que había afectado también su alma y su cuerpo. Lucas, el autor de este Evangelio y del libro de los Hechos, también era médico y utiliza palabras interesantes para diagnosticar su situación. Él no utiliza una palabra que signifique "enfermedad, padecimiento o lesión". En cambio, dice que tenía un "espíritu de enfermedad".

Las Escrituras dicen: "Cuando Jesús la vio, la llamó" (Lucas 13:12). Su libertad dependía de su disposición a dar el difícil paso de responder al llamado de Jesús. Este es uno de los detalles más importantes de este pasaje conmovedor. Y, si lo lees rápidamente, puedes perdértelo. *Jesús la llamó.* Ninguna persona con una deformidad querría levantarse y avanzar hacia una plataforma pública. Jesús está llamado a esta mujer deformada a salir de las sombras de su propia cueva y a pasar a ser el foco de atención. Este es un momento difícil, pero ella responde y da el primer paso doloroso hacia adelante. Tiene que dejar la comodidad de su cueva y arriesgarse a salir hacia un futuro incierto.

Entonces, Jesús le dijo claramente: "Mujer, eres libre de tu enfermedad. Y puso las manos sobre ella; y ella se enderezó luego, y glorificaba a Dios" (Lucas 13:12-13).

El trayecto de esta mujer que culminó con salud de cuerpo, de alma y de espíritu comenzó con un paso de valentía. Su primer paso la sacó de las sombras hacia la vulnerabilidad de sus más grandes inseguridades.

Muchos de nosotros nos detenemos en la entrada de la cueva. Permanecemos en el fresco de las sombras y postergamos ese primer paso de valentía. Hasta que damos ese paso, estamos muy cerca, pero al mismo tiempo muy lejos. Elías sintió lo mismo mientras permaneció en la entrada de la cueva. Él sabía que dar el primer paso significaría obedecer las instrucciones de Dios y volverse por su camino. Se vería obligado a enfrentar sus peores temores y sus inseguridades más profundas. Todos los que hemos estado atascados hemos tenido que luchar con este primer paso vital.

CUANDO TE ESTIRAS, ES IMPOSIBLE VOLVER A SER IGUAL

En 1995, New Life había llegado a una encrucijada en nuestra historia como congregación. Desde afuera, las cosas parecían ir bien. Habíamos crecido y dejado atrás ya varios edificios. Estábamos atrayendo personas de muchas partes de la ciudad de Chicago. Nos estábamos expandiendo y estábamos alcanzando gente para Dios y comenzando nuevos ministerios. Sin embargo, yo tenía la sensación de que de alguna manera nos habíamos desviado, de que estábamos estancados en lo espiritual. Un día, uno de nuestros pastores me entregó un libro titulado *El avivamiento que viene*, escrito por Bill Bright, uno de los líderes de Cruzada Estudiantil. Bright estaba buscando dos millones de creyentes dispuestos a ayunar y a orar durante cuarenta días por un avivamiento espiritual en Estados Unidos. Yo les presenté el reto a nuestro equipo pastoral y decidimos ayunar juntos. Muchos de la congregación se unieron en algún tipo de ayuno durante este tiempo y, en total, unos veinticinco nos comprometimos con el período completo de cuarenta días. Obedecimos la recomendación de Bright respecto al ayuno que permitía beber agua y jugos frutales, pero no comida.

La primera semana de un ayuno es siempre la más difícil

y esta no fue la excepción. Sin embargo, teníamos una gran motivación por buscar a Dios y por perseverar en busca de un avance espiritual. Hacia el final de los cuarenta días de ayuno, mis niveles de energía eran bajos. Había perdido unos veinte kilos. Mi esposa se quejaba de que varios de nosotros parecíamos sobrevivientes de campos de concentración. Sin embargo, estábamos gozando de una poderosa etapa de oración privada y colectiva.

A medida que se acercaba el último día del ayuno, decidí que quería pasar las últimas veinticuatro horas en un hotel cercano, con mi Biblia, para buscar a Dios en la soledad. Después de treinta y nueve días de oración, arrepentimiento y búsqueda de Dios concentrada, la alabanza parecía fluir fácilmente y sin estorbos. Mi espíritu estaba inusualmente sensible y las Escrituras parecían estallar con significado y sabiduría.

Pronto comencé a interceder por los habitantes de Chicago. Clamé por la ciudad y por los millones de personas que necesitaban urgentemente conocer el amor de Cristo. Imaginé la ciudad desde una vista satelital y rogué por las diferentes comunidades de esta metrópolis. Mis clamores dieron lugar a un lúgubre silencio mientras yacía allí, boca abajo, en la cama del hotel. Me quedé allí durante algunos momentos y luego me escuché a mí mismo orar en voz alta: "Dame el uno por ciento de Chicago". En el momento en el que pronuncié esta oración, supe que había sucedido algo inusual. Lentamente, volví a orar. La pesada carga que había sentido por la ciudad se disipó de pronto. Tuve la sensación de que, de alguna manera, todo este tiempo de ayuno había sido el preámbulo para esto. De inmediato, tuve el valor y la fe para hacer esta pequeña oración con mayor valentía. Salí de aquel hotel empapado de una visión.

En casa busqué una calculadora y comencé a hacer cálculos. El uno por ciento de una población de tres millones son 30.000 personas. Casi me caigo de la silla al escribir 30.000 en un pedazo de papel. Solicité una reunión con el equipo de liderazgo. Escribí la siguiente pregunta en el pizarrón: "¿Cómo sería tener una iglesia de 30.000 personas en Chicago?". Escribimos varias observaciones que, con el tiempo, llegarían a parecer casi proféticas. Estas se resumieron en la siguiente declaración de visión:

> Dios nos ha llamado a alimentar y a formar una iglesia que ejemplifique la comunidad, que impulse la oración, que lidere el camino en ministerios multirraciales y transculturales, que sea enérgica e intencional en hacer discípulos, que construya puentes para el Reino, que capacite y movilice a las personas para el ministerio, que tenga un corazón para los pobres y los necesitados y que se esparza por toda la ciudad de Chicago mediante la plantación de comunidades de fe vivificantes y de grupos pequeños espiritualmente vibrantes.

Cuando era niño, solíamos jugar un juego para ver quién podía inflar el globo más grande. La meta era inflar el globo lo más que pudiéramos sin que este estallara. Noté que una vez que el globo se inflaba hasta su máxima capacidad, no podía volver a su tamaño original. Incluso cuando dejas salir todo el aire, el globo no vuelve a ser igual porque se ha estirado demasiado. Una visión de tamaño divino tiene el mismo efecto en la iglesia y en las personas. Después de terminar esta etapa de ayuno y de oración, no me fue posible regresar a la normalidad.

Había quedado "estirado" por esta visión y algo había cambiado en mí. Cuando Dios nos estiró con la visión de alcanzar a 30.000 personas, una visión que tenía el potencial de transformar el horizonte espiritual de Chicago, ya no podíamos regresar a ser la iglesia de antes. Cuando tu alma se estira con una visión dada por Dios, ya no puede volver a su tamaño original.

ME ESCUCHÉ A MÍ mismo orar en voz alta: "Dame el uno por ciento de Chicago".

Muchas personas tienen visiones y sueños y viven en la entrada de su cueva. Sin embargo, se atascan precisamente en los pasos difíciles. Como iglesia, necesitábamos dar el difícil paso de liberar a líderes, grupos de personas y recursos para plantar nuevos campus por la ciudad. La primera vez que enviamos a un grupo a otra comunidad, tuve que obligarme a celebrarlo externamente, pero internamente me lamenté. Yo sabía que estaba dando el paso adecuado, pero me fue difícil soltar amigos cercanos. Sentíamos que no teníamos suficientes líderes, finanzas ni experiencia para avanzar. Nunca conocí a una persona u organización que estuviera saliendo de su cueva y que no sintiera nervios ni incertidumbre respecto al futuro.

Mientras escribo estas palabras, estamos planeando el lanzamiento de nuestro campus número veinte en Chicago. Gracias a ese primer paso, ahora tenemos congregaciones en diecinueve comunidades diferentes con treinta y cinco servicios de adoración que ministran a miles de personas todas las semanas. En los últimos tres años, hemos bautizado a más de mil personas que han encontrado nueva vida en Dios en toda la ciudad de Chicago. La etapa de estancamiento nos llevó a una etapa de ayuno y de oración, que a su vez nos llevó a dar pasos, lo que nos llevó a su vez a impactar a miles de personas.

Todo comienza con un primer paso de valentía.

ES MOMENTO DE UN PASO DE VALENTÍA

Durante la década pasada, he ayudado a dirigir retiros de encuentro para hombres y para mujeres. Cientos de personas asisten todos los años a estos retiros que se concentran en un andar en libertad. Cada año, al terminar el retiro, les pedimos a los asistentes que anoten los pasos de valentía que darán al regresar a casa. Muchos anuncian públicamente sus pasos de valentía antes de caminar por la "calzada de la victoria" donde el personal los alienta con un choque de manos y con palabras de ánimo. Los mejores pasos de valentía tienen varias cosas en común.

- Siempre son difíciles de dar y suelen implicar al menos uno de los miedos principales de la persona. Seamos honestos. Si fuera fácil, ya habrías dado ese paso hace mucho tiempo.
- Se anotan y se comparten con otros. La rendición de cuentas asegura su cumplimiento.
- Son concretos. Los mejores pasos de valentía son aquellos que se sabe si has dado o no. No hay ambigüedad.
- Tienen una fecha de vencimiento. Si nuestros pasos no tienen una fecha límite, nos veremos tentados a postergarlos. Podemos engañarnos y pensar que los cumpliremos, pero en realidad los estamos postergando indefinidamente. Recuerda que la obediencia postergada es, en última instancia, desobediencia.
- Son el primer paso de una larga travesía.

El camino para salir de la cueva es diferente para todos, pero aquí tienes algunos primeros pasos que he escuchado:

Hablaré con mis tres hijos y les pediré perdón por no ser el padre que Dios me ha llamado a ser.
Le pediré matrimonio a la mujer con la que debí haberme casado hace varios años.
Llamaré a mi padre y eliminaré toda la amargura que he guardado contra él durante quince años.
Me uniré a un grupo de alcohólicos anónimos y lidiaré finalmente con mi adicción.
Romperé con mi novio incrédulo porque sé que no es lo que Dios tiene para mi vida.
Iré a casa, lavaré los pies de mi esposa y le pediré que me perdone por no ser un líder servicial.
Cancelaré mis tarjetas de crédito y declararé la guerra contra las deudas.
Me bautizaré y daré pasos de fe en mi nueva vida en Cristo.

El reto no es sencillamente salir de la cueva, sino también salir de allí transformado. Para tener éxito, toda nueva etapa requiere un sentido fresco de poder y de influencia espiritual. Elías salió con valentía de la cueva hacia el temido desierto, pero con una nueva expectativa. La cueva lo había transformado. ¿Qué paso de valentía debes dar ahora?

CAPÍTULO 11

EVITA LAS RECAÍDAS

Jaime estaba en problemas. Llevaba muchos años luchando con una fuerte adicción a la heroína. Comenzó a asistir a New Life y expresó un deseo sincero por seguir a Dios y por darle un vuelco a su vida. Después de la reunión, le pregunté a Jaime cómo le iba. Él bajó la cabeza y me dijo: "Ha sido difícil. Quiero cambiar, pero llevo muchos años viviendo de esta manera".

Le pregunté: "¿Estás dispuesto a hacer lo que sea por cambiar?".

Él me miró y me dijo: "Estoy dispuesto a hacer lo que sea. Esta vez, en verdad lo que sea...".

Hasta yo me sorprendí cuando le dije: "Entonces, empaca una maleta y múdate a mi casa hasta que te recuperes".

Él me miró con incredulidad y me dijo: "No estoy seguro de poder hacer eso".

Yo lo consulté con mi esposa, y Jaime se mudó a nuestra casa al día siguiente. Él era unos años mayor que yo, pero el largo tiempo de adicción lo había envejecido prematuramente. A pesar de su edad, rápidamente nos pareció a Dee y a mí como un hijo mayor. Vivíamos en un edificio con tres apartamentos y las tres parejas que vivíamos allí nos habíamos comprometido a poner en práctica nuestro cristianismo en nuestro vecindario. Decidimos abrir nuestro hogar a personas que estuvieran en problemas y en necesidad hasta que pudieran valerse por sí mismas. Jaime se mudó a nuestra habitación de invitados y, lentamente, comenzó a ajustarse a este nuevo estilo de vida. Tenía una personalidad agradable y un deseo sincero por superar su historia turbulenta. Todas las mañanas, le pedíamos que nos acompañara en un tiempo de oración y de lectura de la Biblia.

Durante las primeras semanas, tuvo problemas con el síndrome de abstinencia y con las dificultades de vivir sin drogas, pero pronto se sentía sano con su nueva sobriedad. Le pedí que comenzara a llenar solicitudes laborales para no pasarse el día ocioso. Jaime estaba progresando en su caminar con Dios y estaba asumiendo sus responsabilidades como varón. Lo ayudamos a estudiar para un puesto en el gobierno de la ciudad y, para nuestra sorpresa, superó la prueba con calificaciones excelentes. Pronto, Jaime tenía un trabajo estable y un sueldo decente. Fue al dentista para que le ayudaran a reparar sus dientes, desgastados después de tantos años de abuso de drogas, de manera que hasta su sonrisa contagiosa volvió. Comenzó a lucir más sano, recuperó el peso que había perdido y se vestía de uniforme todos los días para el trabajo. Su familia extendida estaba feliz de que, finalmente, después de tantos años de luchas, Jaime estuviera de nuevo en el camino correcto.

Después de unos seis meses, sintió que era momento de vivir en un lugar propio, de manera que lo ayudamos a mudarse a una nueva casa y oramos por él cuando partió. Nos parecía que se había graduado y que ahora vivía una nueva etapa independiente. Durante un tiempo, le fue bien, pero gradualmente comenzamos a verlo cada vez menos. Lentamente, comenzó a perder esa actitud humilde y cautelosa y la dependencia en Dios que lo habían ayudado a avanzar en un inicio. Comenzó a relajarse en las disciplinas que lo habían ayudado a salir de su cueva en sus momentos de tanta desesperación. Empezó a faltar a sus reuniones de recuperación y a no asistir al estudio bíblico. Justificaba su ausencia con la excusa de que trabajaba muchas horas, pero nos aseguró que estaba bien.

Pasó el tiempo. Jaime se mudó de nuevo y no dejó ninguna forma de contactarlo. Escuchamos que se había ido a vivir con una novia, pero no supimos mucho más. Pasaron un par de años sin recibir noticias de Jaime. Un amigo mutuo me llamó para informarme que Jaime había comenzado a frecuentar aquellos viejos escondrijos oscuros. Su antiguo estilo de vida lo había vuelto a atrapar y había perdido su trabajo. Rápidamente, comenzó a recaer en la adicción. Al cabo de poco tiempo, estaba viviendo de nuevo en las calles. Mi amigo hizo una pausa: "Siento decirte esto, pero Jaime contrajo SIDA y murió la semana pasada, después de varios días en coma". Cuando oí esto, mi corazón se hundió. Sabía lo que Jaime podría haber sido si se hubiera mantenido firme. Sabía que este no era el final que Dios quería para él.

No todas las recaídas son tan trágicas como la de Jaime, pero nadie puede asumir que su salida de la cueva es permanente. Poner en práctica nuestro llamado de una etapa a la siguiente sin quedarnos atascados requiere poner por obra lo que hemos aprendido de nuestra experiencia en la cueva.

Además del reto inicial de salir de la cueva, la mayoría

de nosotros enfrentamos el desafío igualmente difícil de permanecer fuera de la cueva. Las circunstancias, los hábitos y las ideas que nos llevaron a quedarnos atrapados en primer lugar seguirán ejerciendo su fuerza sobre nosotros cuando abandonemos la cueva. La madre soltera que finalmente salió de las deudas debe seguir alerta para no volver a caer en los hábitos que la llevaron al agujero del endeudamiento. El hombre que ha logrado perder peso deberá seguirse ejercitando para mantenerse en forma. La mujer que finalmente ha logrado perdonar a su exmarido deberá esforzarse por mantener esa actitud. El estudiante universitario que ha salido de la rutina de la apatía espiritual deberá seguir avivando la llama para conservar su vitalidad espiritual.

Elías nunca fue el mismo después de su experiencia en la cueva. El profeta había tenido un encuentro con su propia fragilidad y, sin embargo, había quedado expuesto a la presencia manifiesta de Dios. Había probado la oscuridad de la cueva y, no obstante, la voz misma de su Creador lo había llamado a salir de ella. Después de la cueva, Elías vivió como uno que conocía a Dios mucho más profundamente. Parecía caminar ahora en el conocimiento del Santísimo.

Y nunca volvió a su cueva.

De hecho, Elías terminó su vida con fuerza, autoridad y pasión sin iguales. Después de la cueva:

- Levantó valientemente la voz de su profecía contra el rey Acab y lo llevó a caer de rodillas en arrepentimiento y quebranto.
- Desafió a Ocozías (el hijo y heredero de Acab) y pronunció juicio sobre toda su casa.

- Hizo descender fuego del cielo en dos ocasiones diferentes mientras se plantaba desafiante contra Ocozías, el rey malvado.
- Dirigió la escuela de profetas con un estatus sin precedentes.
- Se desempeñó con tanto poder que enrolló su manto y dividió las aguas del Jordán.
- Concedió a su sucesor, Eliseo, la oportunidad de heredar una doble porción del Espíritu.
- Anduvo en una conexión tan íntima con Dios que supo el momento exacto de su partida.
- Fue llevado de este mundo en la ascensión más extraordinaria documentada en las Escrituras.

No es necesario decir que Elías terminó bien. La experiencia de la cueva lo transformó y lo lanzó hacia una nueva etapa de su vida.

"¿QUIERES SER SANO?"

He notado que, muchas veces, cuando estamos atrapados, sinceramente deseamos avanzar, pero nos pasamos el tiempo buscando soluciones en el lugar equivocado. Esperamos pasivamente que nuestras circunstancias cambien. Seguimos buscando el movimiento del agua cuando el Único con el poder para cambiar nuestro destino está pasando a nuestro lado.

Una de las ilustraciones más vívidas de esto se encuentra en Juan capítulo 5. Allí, leemos de un estanque que se llamaba Betesda. Los enfermos, los ciegos, los cojos y los paralíticos acampaban alrededor de este estanque. En manuscritos más tardíos, un comentarista agregó que los enfermos creían que un ángel agitaba el agua y que el primero que entraba se sanaría. Mientras que los demás vivían su vida, iban al trabajo, construían casas, se casaban y tenían hijos, los enfermos de Betesda yacían allí junto con otras personas estancadas, esperando y anhelando que algo cambiara.

Jesús pasó por el estanque y vio a un paralítico recostado a la orilla del agua. Alguien le dijo que este hombre llevaba treinta y ocho años en esta condición. Algo en este hombre atrajo la atención de Jesús. Tal vez, fue que llevaba tanto tiempo estancado, o quizás que su condición parecía tan urgente o que su anhelo por salir adelante era tan sincero.

Con compasión en sus ojos y autoridad en su voz, Jesús le hizo al paralítico una pregunta extraña: "¿Quieres ser sano?" (Juan 5:6).

Esta parecería una pregunta peculiar para una persona que se había pasado la vida junto a un estanque esperando que el agua se moviera mágicamente. A menudo, Jesús desafía lo evidente. Algunas personas han vivido durante tanto tiempo con un viejo problema que lo prefieren antes que una solución nueva. Los amigos, la cultura, el entorno y la identidad de este hombre habían girado en torno a su parálisis durante treinta y ocho años. Sanarse implicaría un cambio radical, no solo para su cuerpo, sino también para su mundo.

"¿Quieres ser sano?" es la pregunta que Jesús le hace a este hombre atrapado en su condición desde hace más de tres décadas.

Salir de la cueva y permanecer fuera de ella implican una decisión. ¿En verdad quieres salir de la cueva? Este paralítico no respondió la pregunta de Jesús. En cambio, le explicó por qué sigue en esta condición.

> Señor... no tengo quien me meta en el estanque cuando se agita el agua; y entre tanto que yo voy, otro desciende antes que yo (v. 7).

Cuando estamos atascados, muchos encubrimos nuestro problema o intentamos lidiar con él de diferentes maneras: lo negamos, lo generalizamos, lo minimizamos, culpamos a otros, lo justificamos, lo evadimos y atacamos a los demás. Llega un momento en el que el desafío es dejar de poner excusas por nuestro atasco, dejar de esperar a que las circunstancias cambien y, sencillamente, decirle "Sí" a Dios.

Sin más, Jesús le dijo: "Levántate, toma tu lecho, y anda. Y al instante aquel hombre fue sanado, y tomó su lecho, y anduvo" (vv. 8-9). Este debió de ser un momento increíble. Los demás que seguían atrapados en sus circunstancias diversas estaban mirando el estanque, cuando debieron mirar a Jesús. Su mirada estaba puesta en el lugar equivocado. El poder para transformarlos estaba delante de ellos, pero se lo perdieron porque seguían esperando que el azar o la suerte cambiara su vida.

Este hombre que no había caminado en treinta y ocho años se levanta, toma su lecho y se aleja del estanque de la vida estancada.

Durante años, cuando leía este pasaje, me preguntaba por qué había ordenado Jesús al paralítico: "toma tu lecho". Me parecía fuera de lugar que, en este momento tan dramático, Jesús mencionara el lecho. ¿A quién le importa un viejo lecho sucio cuando las piernas del hombre están por recibir nueva vida? Si fuera yo, querría echar el viejo lecho a la basura y nunca volver a verlo. Este hombre había pasado horas incontables sobre ese lecho. Ese había sido su hogar y el objeto que apartaba su lugar junto al estanque. Literalmente, había vivido sobre ese lecho de día y dormido sobre él de noche. Creo que este mandamiento de tomar el lecho tiene algo simbólico. En este mandamiento, está implícita la idea: "Nunca regresarás a este lugar". Él ya no necesitaba apartar su lugar en la fila para el estanque ni marcar su territorio. Tomar su lecho significaba dejar lo viejo totalmente atrás.

Durante mi primer invierno en Chicago, me sorprendió un curioso ritual del vecindario. Conducía por una de las calles cercanas después de una gran tormenta de nieve y noté que había algunas sillas, bancos, conos, cajas de plástico y hasta un triciclo viejo colocados estratégicamente en la calle. Descubrí que, después de pasar treinta minutos paleando nieve en el gélido viento para liberar un espacio de estacionamiento, era indispensable asegurarse de que nadie más ocupara tu espacio. La vieja silla en la calle anunciaba: "Este es mi lugar; no te acerques". El invierno pasado, un joven amigo mío no podía encontrar un lugar de estacionamiento, por lo que decidió mover una de esas sillas. Cuando regresó a su auto, una de las ventanillas estaba rota. En Chicago, uno no se mete en los lugares de estacionamiento de otros. Esa vieja silla significa: "Pronto regresaré a este lugar". Dejar el lecho junto al estanque habría mandado este mensaje: "Guárdenme el lugar. Puede que tenga que regresar pronto aquí".

Es como la mujer que valientemente declara que ya nunca volverá a tomar sedantes, pero que guarda la mitad de un bote en el fondo del cajón de la cocina. Lo que está diciendo es: "Espero que esto funcione, pero si no, de una vez aparto mi lugar". O como el hombre que decide que aquella relación poco sana está en el pasado y que nunca regresará a ella, pero que mantiene en favoritos el número de su exnovia. Si dejas el lecho junto al estanque, te estás dando la opción de regresar.

Cuando Jesús vio al hombre de nuevo, le advirtió: "Mira, has sido sanado; no peques más, para que no te venga alguna cosa peor" (Juan 5:14). Jesús estaba resaltando que los comportamientos que lo habían llevado a su problema en primer lugar podían devolverlo allí fácilmente. Las recaídas son demasiado comunes. Si queremos evitarlas, las lecciones que nos llevamos de nuestra experiencia en la cueva deben arraigarse en nuestro corazón.

"NO COMETERÉ DE NUEVO EL MISMO ERROR"

Todos nosotros podemos regresar a la cueva de la que salimos. Los que se resisten al impulso y se niegan a regresar son los que repasan las lecciones que aprendieron. Los que se mantienen bien conscientes de su tendencia a recaer se detienen y recuerdan. Recuerdan cómo se quedaron atrapados, cómo se sintieron cuando estaban atrapados y qué aprendieron en el proceso de salir de la cueva.

Grant, mi hijo menor, siempre ha sido aventurero. Para cuando tenía seis años, se había roto ya cuatro huesos y le habían suturado la cabeza. Mientras escribo esto, se está recuperando de una cirugía de rodilla por causa de una lesión este año en su primera temporada en el equipo de fútbol americano de la preparatoria. Su necesidad de llevar su cuerpo al límite y su hambre de emociones fuertes lo han llevado por varios deportes. Hace algunos años, se dedicó a la escalada en un rocódromo. Ya había escalado todos los muros indicados

HOY, DETENTE Y recuerda cómo te quedaste atascado en primer lugar.

para su edad, pero quería un desafío más grande. De manera que escaló varias paredes, una más difícil que la otra. Finalmente, llegó al nivel más difícil. Para ese momento, él estaba cansado y yo, listo para irme a casa. Accedí a que intentara escalar la última pared. Con determinación, miró hacia la parte superior y comenzó a escalar. Mientras ascendía, pude notar que este sí sería un desafío de verdad. Lentamente, subió por la pared, estirándose, contorsionándose y encontrando los puntos de apoyo. Varias veces pensé que se iba a caer, pero mantuvo el equilibrio. Llevaba dos tercios del ascenso cuando de pronto dejó de moverse. Se había quedado atascado. Sus brazos eran demasiado cortos para alcanzar el siguiente agarre. No había lugar para seguir impulsándose con los pies. Intentó varios ángulos, pero aparentemente había llegado a un callejón sin salida.

En un último intento, saltó hacia el siguiente agarre. Sus manos se resbalaron y quedó colgando en el aire; el arnés lo había salvado. Mientras lo bajaba al suelo, le dije: "Bueno, fue un buen intento. Buen trabajo". Decidido, insistió en intentar de nuevo el ascenso. Esta vez, subió por una ruta diferente. Llegó a la misma altura y quedó atascado de nuevo. Lo miré aferrarse una vez más a la roca con la punta de los dedos. Sus brazos temblaban de cansancio y, una vez más, cayó y quedó colgando del arnés. "Muy bien, ya está —le dije—. Es una pared complicada y creo que necesitas volver a intentarlo cuando seas más grande".

"No, papá —me respondió—. Creo que sé cómo llegar a la

cima esta vez". Miró la pared y dijo: "Ya sé por qué me quedé atascado. No cometeré de nuevo el mismo error". Señaló hacia un nuevo agarre y dijo: "Puedo intentarlo por esa ruta". Con determinación en la mirada y armado con un nuevo plan, resultado del fracaso de los dos intentos anteriores, comenzó a escalar. Cuando finalmente llegó a la cima, me miró con una gran sonrisa y puso pulgares arriba.

Hoy, detente y recuerda cómo te quedaste atascado en primer lugar. Al igual que Grant, si escalas por la misma ruta, terminarás en el mismo lugar. Recuerda la ruta, recuerda el dolor y recuerda lo aprendido.

CAPÍTULO 12

RESPIRA EL AIRE DE UNA NUEVA ETAPA

El piloto se aclaró la garganta y anunció por el intercomunicador que había problemas con el aterrizaje. "Tengo buenas noticias y malas noticias", dijo.

Lo último que quieres escuchar decir al piloto de un 747 en medio vuelo es que tiene malas noticias.

"La mala noticia es que no podremos aterrizar en el aeropuerto de Barajas en Madrid —dijo—. La buena noticia es que el aeropuerto Charles de Gaulle en París tiene una pista abierta, así que aterrizaremos en París". Los pasajeros emitieron un gruñido de decepción. En otras circunstancias, me habría alegrado de un desvío por París, pero mi esposa no venía conmigo y tenía un compromiso en una conferencia al día siguiente. Estaba atrapado en Francia, cuando se suponía que debía estar dando conferencias en España.

El día en que volé a Madrid, todos los controladores de tráfico aéreo en España se pusieron en huelga. Según el *New York Times*, en ese período de 48 horas, se cancelaron 4.300 vuelos, lo que afectó a unos 600.000 pasajeros. El gobierno español declaró el estado de emergencia y autorizó al ejército a hacerse cargo de las operaciones de control de tráfico aéreo.[1]

Por supuesto, en ese momento yo no lo sabía. Me encontraba viajando con una agenda ajustada con otros dos líderes jóvenes de Chicago para hablar en una conferencia en Madrid y, ahora, estábamos atrapados "indefinidamente" en Francia. Estaba seguro de que no lograríamos llegar a tiempo.

Llamé y, apenado, les informé a los organizadores de la conferencia que estaba atrapado en París y que esperaba que tuvieran un plan de emergencia. Después de registrarme en el hotel, mi equipo me convenció de tomar un taxi hasta el centro para turistear un rato. Uno de los pasajeros que conocimos, un arquitecto de Nueva York, nos escuchó conversando y nos preguntó si podía venir con nosotros. Durante el recorrido en taxi hacia el centro, nos lamentábamos de las citas importantes que nos estábamos perdiendo. El arquitecto iba de camino a una boda que, ahora, seguramente se perdería. Estábamos atrapados a cientos de kilómetros de nuestro destino, sin la más mínima idea de cuándo podríamos retomar el viaje. Sin embargo, mientras caminábamos por el centro de París, me di cuenta de que, seguramente, Dios tenía un propósito con este desvío.

Después de una rápida visita a la parte superior de la torre Eiffel, terminamos en una pequeña cafetería en un bonito vecindario parisino con nuestro nuevo amigo. Después de hacer nuestro pedido, el arquitecto preguntó: "Entonces, ¿a qué te dedicas?". Le dije que era pastor en Chicago. Me miró sorprendido. A estas alturas, ya estoy acostumbrado a

1 *The New York Times*, "Air Traffic Controllers' Strike End in Spain", 5 de diciembre de 2010, www.nytimes.com/2010/12/06/world/europe/06spain.html?_r=0.

esta reacción. Al igual que muchos, sencillamente asumí que estaba repasando nuestra conversación para recordar cuántas barbaridades y palabras malsonantes había pronunciado antes de saber que yo era pastor.

En cambio, me miró y me dijo: "No lo creerás, pero justo le estaba diciendo al Hombre de Arriba que necesitaba que me diera una señal en este viaje para saber que Él seguía allí. No soy un hombre de oración —me confesó—, pero últimamente he pasado por una crisis y he buscado respuestas del cielo". Me explicó: "Mi hijo es como ustedes. De hecho, es ministro de jóvenes". Luego, se sinceró: "Mi hijo recién me dijo que él y su esposa se estaban saltando comidas durante algunos días para orar por mí". Mientras hablábamos, descubrí para mi sorpresa que, recientemente, yo había conocido a su hijo. ¡Qué "casualidad"! Su hijo era de Nueva Jersey y yo de Chicago, pero nos habíamos conocido en Dallas en una pequeña reunión de líderes ministeriales.

La realidad de que se hallaba ahora atrapado en París con un pastor que conocía al hijo que ahora mismo estaba orando por él captó la atención de mi nuevo amigo. Terminé hablando largo rato con este arquitecto de Nueva York sobre Dios, el evangelio y el destino. Cuando regresamos al hotel, le pregunté si podía orar por él. Así que allí me encontraba yo, en el *lobby* de un hotel en París, orando por un arquitecto de Nueva York. Cuando terminamos de orar, las lágrimas le rodaban por las mejillas. Le dije: "Dios debe amarte mucho para redirigir a cientos de pasajeros y meternos a todos en este hotel con tal de responder tu oración y darte una señal".

A la mañana siguiente, descubrimos que la huelga había terminado y que podríamos volar a España de inmediato.

Llegamos a tiempo a la conferencia. Lo más importante fue que Dios me recordó que, incluso cuando estoy atrapado, Él siempre está actuando tras bambalinas. Yo debo tan solo abrir mis ojos y mirar.

HERRAMIENTAS PARA LA SIGUIENTE ETAPA

Todos nosotros recibimos entrenamiento en el presente para el llamado y los retos que enfrentaremos en el futuro. Dios está sistemáticamente añadiendo herramientas a tu cinturón de trabajo antes que las necesites. Cuando repaso mi historia, me impresiona la manera en que Dios parece haber diseñado minuciosamente ciertas experiencias que me prepararon específicamente para el contexto en el que ahora me encuentro. Por supuesto, en el momento, me preguntaba por qué estaba pasando por cierto desafío o reto personal, solo para descubrir más tarde una nueva herramienta que se agregó a mi arsenal en esta difícil experiencia.

La experiencia de la cueva de Elías fue la crisis que lo preparó para la siguiente etapa de su vida y ministerio. El profeta dejó la cueva con una visión fresca, con una estrategia nueva y con el nombre de su sucesor. El camino a la cueva representó la etapa más dolorosa y oscura de la vida de Elías, pero salió de ella con instrucciones claras de parte de Dios. Su aprendiz y sucesor, Eliseo, sería el beneficiario directo de las lecciones que Elías aprendió en aquella cueva. Esta experiencia aseguró un legado que trascendería su propia vida y que continuaría a través de sus sucesores.

Todos los que se hallan actualmente atrapados en una cueva están recibiendo el llamado de la voz de Dios. Él quiere colocar en tu cinturón de trabajo las herramientas que necesitas para la siguiente etapa de tu vida. Él es el gran Redentor de nuestras experiencias en la cueva. Él puede redirigir todas ellas con un propósito. Prepárate para descubrir un propósito divino siempre que te quedes estancado.

En su libro, *The Advantage* [La ventaja], el consultor de negocios Patrick Lencioni comparte una anécdota que ilustra este punto mediante un episodio de la serie *Yo amo a Lucy*:

> Ricky, el esposo de Lucy, llega un día a casa del trabajo y se encuentra a su esposa gateando por la sala sobre sus manos y rodillas. Le pregunta qué está haciendo. "Estoy buscando mis aretes", le responde Lucy. Ricky le pregunta: "¿Los perdiste en la sala?". Ella sacude la cabeza. "No, los perdí en la habitación, pero en la sala la luz es mucho mejor".[2]

Lencioni explica que, al igual que Lucy, muchas personas están buscando respuestas donde la luz es mejor y donde se sienten más cómodas, pero no donde está lo que necesitan. En la oscuridad de la cueva, cuando escudriñamos nuestra alma y hacemos las preguntas difíciles, es donde podemos encontrar las respuestas para la nueva etapa de nuestra vida.

No sé cómo es tu cueva ni cuánto tiempo llevas allí, pero sí sé que no tiene por qué ser tu destino final. De hecho, algunos de nosotros miraremos hacia atrás y, finalmente, agradeceremos a Dios por el regalo de esta cueva. La cueva se puede convertir en un punto de inflexión en nuestra vida. A continuación, encontrarás dos anécdotas que te ayudarán a ver la cueva

2 Patrick Lencioni, *The Advantage: Why Organizational Health Trumps Everything Else In Business* (San Francisco: Jossey-Bass, 2012), 7.

como un regalo inesperado. Espero que te inspiren a creer que Dios tiene una nueva etapa para ti más allá de la cueva.

EL REGALO DE LA CUEVA

Gonzalo estaba destinado al éxito. Desde niño, tenía un gran anhelo por ganar y una tremenda motivación por triunfar. Durante la universidad, contaba con habilidad natural, pero le faltaba la disciplina para esforzarse y buscar sus sueños. Cuatro años en el ejército le enseñaron el poder de la disciplina y de la determinación puras. Después de unos cuantos años en el trabajo, Gonzalo estaba ascendiendo rápidamente por el escalafón profesional. Sin miedo a los riesgos y con hambre de éxito, se lanzó a convertirse en millonario. Durante un tiempo, parecía que todo lo que Gonzalo tocaba se convertía en oro. Formó un negocio sumamente rentable de colocación que estaba prosperando y creciendo. Un nuevo socio le aseguró que era momento de expandirse agresivamente. Con un nuevo sentido de confianza y con la experiencia de su nuevo socio, lanzó setenta nuevas sucursales de su compañía.

El sueño parecía estarse cumpliendo delante de sus ojos. Se sentía imparable. El optimismo económico de la década de los noventa estaba en su apogeo y Gonzalo lo estaba aprovechando bien. Desde 1997 hasta el 2000, la burbuja del internet crecía exponencialmente y las compañías ganaban dinero rápidamente; Gonzalo se encontraba justo en el meollo de todo. Luego, lo inesperado sucedió. La burbuja puntocom estalló, lo que desencadenó pánico y una tremenda regresión económica. Algunas compañías se desplomaron rápidamente. Otras sufrieron pérdidas importantes al venirse abajo el precio de sus acciones. Prácticamente todos los sectores económicos estaban en crisis. A finales del año 2000, el *New York Times* informó: "¡Qué diferencia puede marcar un año! El Nasdaq se hundió. Los consejos sobre el mercado de valores han sido reemplazados por rumores de una recesión. Muchas empresas puntocom se quedaron sin trabajo o apenas sobreviven. El Dow Jones Internet Index, compuesto por las empresas puntocom de primera línea, ha caído más de un 72% desde marzo".[3]

Gonzalo se había expandido de forma agresiva justo antes de que la burbuja estallara. En doce meses, su compañía pasó de cuatrocientos cincuenta empleados a solo cien. Durante meses, Gonzalo estuvo al borde de la bancarrota. Su mundo se había desplomado a su alrededor y no tenía a quién recurrir. Su trasfondo religioso era nominal, en el mejor de los casos. En medio de su crisis, en su desesperación, visitó una iglesia cristiana. Allí, encontró alivio en las alabanzas que escuchó y se sintió extrañamente consolado en un asiento en la parte de atrás de la iglesia. Gonzalo llevaba años atrapado en un ciclo de materialismo en el que su dios había sido el trabajo y el éxito. La gente a su alrededor lo aplaudía por su aparente toque maestro, pero en lo profundo, él sabía que algo le faltaba.

El primer paso de Gonzalo para salir de la cueva llegó en medio de una crisis económica de dos años en la que su supervivencia financiera era incierta. Pidió una reunión con el pastor para explicarle su historia y recibir consejo. Recientemente, Gonzalo me compartió: "La frase que captó mi atención en el momento de más oscuridad fue: 'Jesús debe amarte de verdad para haberte hecho pasar por esto'. Me hizo darme cuenta de que Él tenía un propósito para mi vida y que quería llamar mi

3 *The New York Times*, "The Dot-Com Bubble Bursts", 24 de diciembre de 2000, www.nytimes.com/2000/12/24/opinion/the-dot-com-bubble-bursts.html.

atención". En medio de esta crisis, Gonzalo le entregó su vida a Dios y entendió con claridad el evangelio de Jesucristo por primera vez. Logró salir de su cueva espiritual, pero las circunstancias eran igual de malas o hasta peores que antes. Incluso después de su decisión de rendirse a Dios, todas las semanas parecían llevarlo a punto del colapso económico. Todos los días, la lucha para sobrevivir era real, pero Gonzalo encontró una paz inusual que lo sorprendió a él y a todos a su alrededor.

Salir de la cueva no significa que las nubes se abrirán y que la gloria de Dios brillará para abrir toda puerta y para disolver todos los problemas. A veces, salimos de la cueva precisamente en el momento más complicado de nuestra vida. Un cambio de etapa no necesariamente significa un cambio de circunstancias. Sin embargo, *sí* significa un cambio interno que nos permite vivir en línea con nuestro llamado en medio de una tormenta personal. Nelson Mandela, después de veintisiete años en la cárcel, dijo cuando lo liberaron: "No hay nada como regresar a un lugar que permanece igual y descubrir las maneras en las que tú mismo has cambiado".

Milagrosamente, después de dos años, Gonzalo logró salir adelante de nuevo en su negocio. Sus prioridades y su vida habían dado un vuelco total un año y medio antes. Recientemente, Gonzalo me compartió que ahora tiene diez veces más éxito en lo económico que antes de su crisis transformadora, pero que esto es poco comparado con la nueva etapa de propósito y paz con Dios de la que ahora goza. Ha encontrado su nueva misión en los negocios, pero ahora busca oportunidades para impactar la vida de otros empresarios que siguen buscando su identidad en el éxito y en los logros. Gonzalo es un empresario que ha descubierto su llamado. Él descubrió en la crisis de su cueva un gran regalo de parte de Dios.

BALAS Y TATUAJES

Vicente se hallaba del otro lado del espectro social, pero igual tenía que salir de su cueva, tanto como Gonzalo. El 3 de abril a las 2 de la mañana, Vicente se encontraba en la esquina de las calles 51 y Wood en el suroeste de Chicago, de fiesta con algunos amigos en el territorio de una pandilla enemiga. Un Chevy tomó la lateral de la calle, con las luces apagadas, una clara señal de un probable tiroteo desde un vehículo en movimiento.

Vicente escuchó el rechinar de llantas y vio entre la confusión al pasajero del asiento de atrás asomarse por la ventanilla y apuntarle a quemarropa. En un instante, el corazón le dio un vuelco, porque no tenía en dónde esconderse.

"El primer disparo me sorprendió; el estallido fue tremendo, parecía haber sonado junto a mi oído. Sucedió en un abrir y cerrar de ojos". Así es como lo describe Vicente. "Luego, todo se puso en cámara lenta". Sonó otro disparo a unos pocos metros que lo hizo dar un brinco. "Mi brazo derecho se sacudió por el impacto; mi mano izquierda dibujó instintivamente una señal pandillera. Luego, mi brazo derecho se desplomó a mi costado y dejó de moverse", explica Vicente. Maldijo mientras miraba hacia arriba y gritó hacia el cielo: "No me vas a dejar en paz, ¿verdad, Dios?".

La cruz que tenía tatuada en su antebrazo quedó hecha añicos por el impacto de la bala. El proyectil se abrió camino por el centro de su antebrazo, se partió en ocho pedazos y salió por el otro lado. Vicente sintió un dolor punzante y comenzó a sangrar abundantemente.

CUANDO LE dispararon a Vicente, gritó hacia el cielo: "No me vas a dejar en paz, ¿verdad, Dios?".

En la sala de emergencias, el médico pronosticó algo devastador: era necesario amputar el brazo. "Sentí que Dios me estaba quitando el brazo derecho para vengarse de mí, para humillarme. En mi mente, era peor que morir", confiesa Vicente. Esta era la venganza suprema de Dios. Una debilidad que todos podrían ver... y tendría que vivir con ella por el resto de su vida.

Diestro y con solo dieciséis años. *¿Qué haré con mi vida?*, pensó. No tenía adónde ir ni nadie a quién acudir. "Estaba acorralado y desesperado. Sabía que no tenía opciones. Solo había Uno que tenía el poder de ayudarme ahora, pero ¿por qué lo haría Él?".

Desesperado, Vicente susurró una oración: "Dios, si es que existes y si es que te importo, ayúdame a creer: salva mi brazo". Unos minutos más tarde, los médicos cambiaron de opinión y cancelaron la amputación. Le colocaron en cambio un yeso, pero Vicente olvidó rápidamente su oración. Pronto, estaba de vuelta en las calles y, ahora, su ambición era vengarse.

"Cuando te disparan en el brazo, tú les disparas en la cabeza. Esa es la mentalidad de las pandillas —dice Vicente—. Pero yo no podía disparar. Mi brazo estaba como muerto". No tenía sensación ni movimiento. Tampoco tenía esperanzas de mejoría. Siempre que miraba su brazo derecho, apartaba la vista, enojado... enojado por no poder cumplir su venganza.

Pasó un año. A medida que Vicente luchaba por encontrarle sentido a su lesión, la vida de pandillas volvió a atraparlo. Seguía portándose con violencia, seguía enojado, seguía vacío. En realidad, nada había cambiado en su mundo, salvo que ahora estaba lisiado. Seguía en la pandilla, seguía enfurecido, seguía confundido. Seguía atrapado en su oscura cueva. Seguía odiando a Dios. Sí, todo parecía igual. Hasta ese día.

El día en que uno de los dedos de su mano se movió.

El movimiento fue muy pequeño. Más como un ligero calambre. Vicente se sorprendió cuando esto sucedió. Contra todo pronóstico, su mano se había movido. Corrió hacia el consultorio médico. De nuevo, un movimiento leve, pero ahora delante del médico que se dio cuenta de que estaba presenciando lo imposible.

"Allí estaba ese profesional, ese médico, llorando —recuerda Vince—. Me dijo: 'No soy un hombre religioso, pero, si fuera usted, comenzaría a asistir a la iglesia y le daría gracias al Hombre de Arriba'".

Ese fue el momento. Después de una vida de dolor y de terror en la que Dios había quedado relegado al banquillo, repentinamente Vicente pudo ver a Dios como nunca lo había hecho. Se dio cuenta de que Él había hecho mucho más que responder la oración que hizo para prevenir su amputación. En cambio, Él había hecho lo que ningún médico podía hacer. Había realizado un milagro.

Durante los meses que siguieron, Vicente comenzó a recobrar fuerza y movilidad en su brazo. Tomó una Biblia que un amigo le había regalado.

Al leerla, comenzó a ver a Dios de forma diferente. La verdad apagó las llamas de la ira en su corazón.

Vicente continúa: "Yo siempre culpaba a Dios por todo lo que salía mal, pero nunca le daba crédito por las cosas buenas". A los dieciocho años, decidió que era momento de salir de la cueva y de avanzar hacia una nueva etapa. Recibió una invitación para asistir a uno de nuestros servicios en New Life. Él se sentó en la parte de atrás del auditorio, sin la menor idea de lo que le esperaba. Yo comencé a hablar sobre cómo Dios se hizo hombre y cómo, aunque hemos quebrantado los mandamientos de Dios y merecemos un castigo por nuestros actos, Jesucristo dio su vida para pagar la deuda que toda la humanidad debía.

Invité a todo el que quisiera orar a pasar al frente, junto al escenario. Vicente sabía que necesitaba una nueva vida y un nuevo comienzo. Lentamente, caminó hasta el frente del auditorio. Se arrodilló y oró. Dios derrumbó todo su dolor e ira acumulados. Algo cambió. Comenzó a sentirse limpio y vivo.

La mano que tan a menudo se había cerrado contra Dios ahora se elevaba en rendición total. El brazo insolente se había convertido en el brazo baleado. El brazo lisiado se había convertido en el brazo del milagro. Ahora, ese brazo se elevaba en adoración.

Ese día, Vicente salió de la cueva del enojo, del odio y de la rebeldía. Pasó de estar terriblemente atascado a comenzar una nueva etapa en su vida. Aquel brazo gravemente magullado se había convertido en un rompehielos que detonó cientos de conversaciones sobre Dios y sobre su poder para transformar vidas.

Hace dos años, Vicente falleció de cáncer. Dejó atrás a una esposa y a cuatro hijos que lo amaban profundamente. Habían pasado dos décadas desde que caminó por aquel pasillo para rendir su vida. El día antes de que Vicente falleciera, su cuarto de hospital estaba lleno de amigos y de familiares. Estaba delgado y débil, pero levantó su mano y oró por todos los presentes. Definitivamente, Vicente había salido de su cueva.

LA ENCRUCIJADA

Llega el momento en que una persona debe despedirse de la seguridad de la cueva y aventurarse al mundo arriesgado de la vida por fe. Los mejores días de Elías y la temporada más importante de su vida aún quedaban delante de él. El profeta tuvo que actuar con decisión en las áreas que Dios le pidió cambiar. Logró terminar con buen paso, terminar su tarea, dejar un legado y entregar la batuta... todo porque se negó a quedarse en la cueva.

Tú también tienes un propósito y un llamado únicos. Puede que no los entiendas por completo y que no puedas explicarlos aún, pero los descubrirás. Debes hacerlo.

Tal vez estás mirando hacia la salida de la cueva. Estás comenzando a tener vistazos de visiones y de sueños. La posibilidad de una nueva etapa se abre delante de ti. Tienes la oportunidad de hacer que la siguiente etapa sea la mejor de tu vida. Es tu decisión. Puedes quedarte en la comodidad y en la seguridad relativa de tu cueva o puedes escoger arriesgarte. Si quieres vivir, reír, amar, soñar y buscar el llamado que Dios te ha dado, solo tienes una opción.

Es el momento.

Respira profundamente.

Sal de la cueva.

RECONOCIMIENTOS

Hay varias personas importantes a quienes tengo que agradecer y reconocer por sus contribuciones directas e indirectas al contenido de este libro.

A Bob y Minnie Jobe, mis padres, que dejaron su país y sus amigos para vivir en misión con Dios cuando yo tenía apenas seis meses de edad. Ellos me enseñaron que la vida es una aventura emocionante digna de vivirse para Él.

A mi maravillosa esposa, Dee. Ella se ha mantenido a mi lado, ha creído en mi llamado y me ha amado durante veintisiete años de matrimonio. Ella me ha animado a escribir durante años. Cariño, por fin te hice caso.

A mis hijos, Marissa, Josiah y Grant. Ustedes me han inspirado de muchas maneras diferentes. Oro para que nunca se permitan quedar atascados durante demasiado tiempo. Me siento agradecido todos los días de que Dios los haya escogido como mis hijos.

Aprecio la cuidadosa edición y los profundos comentarios de Brandon O'Brien quien, en medio de una mudanza y de un nuevo empleo, asumió este proyecto. Has hecho que este libro sea mejor.

A mis increíbles amigos y familiares de New Life. Cuando estoy con ustedes, me siento amado, apoyado y libre para soñar en grande.

Estoy extremadamente agradecido por las veinticuatro parejas pastorales de New Life. Me ha inspirado la diferencia que su amistad, pasión, integridad y compromiso incansable han marcado en la ciudad de Chicago y más allá.

A Mike Berry, Luke Dudenhofer y Chad Kimball por haber leído las páginas de este libro y ofrecido consejos buenos y prácticos.

A Moody Publishers que creyó que tenía algo importante qué decir. Greg Thornton, Duane Sherman, Betsey Newenhuyse y todo el equipo editorial me han alentado a darme el tiempo para escribir.

A los muchos de ustedes que me permitieron compartir su historia y que, con su vida y experiencias compartidas, me han tocado también a mí.

Por último, pero no por eso menos importante, agradezco a las más de 135 personas que se tomaron un día para ayunar y orar durante los setenta días que estuve escribiendo este libro. Ellos oraron y ayunaron por mí y por todos los lectores que vendrían:

> Linda Abdul, Chris Adams, Angélica Aguirre-Lozano, Eugene Alaniz, Lupe Alcázar, Sylvia Alonso, Laura Arroyo, Priscilla Ávila, Yovani Bahena, Maria Baltazar, Mark Barlog, Cleo Bethea Jr., Phil Brayfield, Julio Caban, Reyna Cadena, Roger Cadena, Tony Caldaron, Marie Casica, Joan Castillo, Socorro Castro, Mónica y Adrianna Ceballo, Adam Cervantes, Martha Contreras, Brandon Corbin, Jacob Corbin, Wiley Corbin, la familia DelRosa, Charlene Dollinger, Trinidad Espinosa-Bahena, Marina y Julio Estrada, Camille Faust, Jim Faust, Diana Favela, Mike Feehan, Jorge Flores, Lily

Flores, Oralia Forrester, Sarah Forrester, Reynaldo Fuentes, Manny García, Dave Garratt, Diane Garratt, Alma Gómez, Michael González, Vanessa González, Marisol Gordillo, José Guzman, Lorena Haro, Toni Holderbaum, Francisca Izguerra, Beata Jajesniak, Judy Kalina, Ken Kalina, Mimi Kedjareonkoon, Grace Koshy, Joe y Rhea López, Michael López, Verónica López, Ileana López-González, Eric Lozano, Rebecca Luviano, Kate Martin, Jose A. Martínez, Leela Mathew, Eric McEvoy, Devene Mendiola, Louis Mercado, Sean Monahan, Lucas Monreal, Gabriel Montoya, Caterina Morales, Claudia Morales, Olivia Moren, Fernando y Maggie Moreno, Roy (Roel) Moya, Luis Olivera, Danny Ortiz, Laura Pérez, Mario Pérez, Rain Pérez, Sarah Prosecky, Maria Del C. Quiles, Lucía Ramírez, Olga Ramírez, Sonia M. Ramírez, Dee Ramos, Tony Ramos, Araceli Rentería, Adriana Reyes, Irene Reyes, Marcos Rico, Theresa Rivera, Víctor Rivera, Zulma Rivera, Claudia Rodarte, Adelina Rodríguez, Cassandra E. Rosario, Evelyn Rosario, Luis Rosario, Carmen Salgado, Gaby Salgado, Alejandra Sandoval, María Sarabia, Adriana Saucedo, Janet Saulter-Hemmer, Sandra Sheeha, Pat Sheehan, Salvador Tapia, Diane Tedesco, Faviola Torres, Elizabeth y Eugene Urbina, Aura Valdez, Elizabeth Valdez, José Valdez, Gloria Vargas, Irene Vásquez, Mike Vásquez, Genesi Vastarella, Lisette Vastarella, Laura Vázquez, Ángela Vergara, Melissa Vergara, Lillybeth Vidal, Virginia Villalvazo, Fidelia Ybarra, Mónica Zamora-Alamillo, Maria Zarowna, Dora Zaval, Karla Zavaleta y Mary Ziko.

ACERCA DEL AUTOR

Mark Jobe es autor, presentador de radio, pastor y emprendedor social en la ciudad de Chicago, presidente del Moody Bible Institute y pastor fundador de la New Life Community Church, que reúne a varios miles de personas en más de 25 ubicaciones por toda la zona metropolitana de Chicago. Mark también es fundador de New Life Centers, una organización que se concentra en ayudar y mentorear a jóvenes en situación de riesgo en la ciudad y de New Life Cities, que se dedica a plantar iglesias en centros urbanos alrededor del mundo. Puedes encontrar más recursos y enseñanzas del pastor Mark en www.pastormarkjobe.com. Mark tiene una maestría en el Moody Theological Seminary y un doctorado de la Bakke Graduate University.

Para más información, visita estos sitios:
New Life Community Church:
https://newlifecommunity.church/es/
New Life Centers:
https://newlifecenters.org/es/
New Life Cities:
www.newlifecities.org
Oficina en Chicago: +1-773-838-9470

NUESTRA VISIÓN

Maximizar el efecto de recursos cristianos de calidad que transforman vidas.

NUESTRA MISIÓN

Desarrollar y distribuir productos de calidad —con integridad y excelencia—, desde una perspectiva bíblica y confiable, que animen a las personas a conocer y servir a Jesucristo.

NUESTROS VALORES

Nuestros valores se encuentran fundamentados en la Biblia, fuente de toda verdad para hoy y para siempre. Nosotros ponemos en práctica estas verdades bíblicas como fundamento para las decisiones, normas y productos de nuestra compañía.

Valoramos la excelencia y la calidad
Valoramos la integridad y la confianza
Valoramos el mérito y la dignidad de los individuos y las relaciones
Valoramos el servicio
Valoramos la administración de los recursos

Para más información acerca de nuestra editorial y los productos que publicamos visite nuestra página en la red: www.portavoz.com